COLEÇÃO

COMPENDIUM

CHIADO
BOOKS

Brasil | Portugal | Angola | Cabo Verde

Um livro vai para além de um objeto. É um encontro entre duas pessoas através da palavra escrita. É esse encontro entre autores e leitores que a Chiado Books procura todos os dias, trabalhando cada livro com a dedicação de uma obra única e derradeira, seguindo a máxima pessoana "põe quanto és no mínimo que fazes". Queremos que este livro seja um desafio para si. O nosso desafio é merecer que este livro faça parte da sua vida.

www.chiadobooks.com

CHIADO
BOOKS

Brasil | Portugal | Angola | Cabo Verde
Conjunto Nacional, cj. 205 e 206, Avenida Paulista 2073,
Edifício Horsa 1, CEP 01311-300 São Paulo, Brasil
Edifício Chiado – Rua de Cascais, 57, Alcântara – 1300-260 Lisboa, Portugal

Espanha | América Latina
Paseo de la Castellana, 95, planta 16 – 28046 Madrid
Passeig de Gràcia, 12, 1.ª planta – 08007 Barcelona
Brickell Avenue 1221, Suite 900 – Miami 33131 Florida United States of America

U.K | U.S.A | Irlanda
180 Picaddilly, London – W1J 9HF
Brickell Avenue 1221, Suite 900 – Miami 33131 Florida United States of America
630 Fifth Avenue – New York, NY 10111 – USA

Itália
Via Sistina 121 – 00187 Roma

E-mail: geral@chiadobooks.com

Título: Impulso Empreendedor
Editor: Mayara Facchini
Coordenador editorial: Séfora Roque
Composição gráfica: Vera Sousa
Capa: Márcia Florença
Arte Final: Vasco Lopes
Revisão: Neides Souza Vieira Leal e Geam Brito

1.ª edição: Novembro, 2015
2.a edição: Novembro, 2018
ISBN: 978-989-52-4136-1
Depósito Legal n. 447329/18

Geam Brito

Impulso Empreendedor

CHIADO
BOOKS

Brasil | Portugal | Angola | Cabo Verde

DEDICATÓRIA

Dedico este livro ao meu pai NIDE ALVES DE BRITO, às minhas irmãs GABI e GRAZZI, à querida amiga EVA e à minha mãe MARILENE RUTH SALGADO DE BRITO, *in memoriam*.

"Primeiro eles ignoram você, depois riem de você, depois brigam, e então você vence."

Mahatma Gandhi

ÍNDICE

AGRADECIMENTO

Agradeço a Deus pelo dom da vida, por me dar ânimo e sabedoria o tempo todo.

Agradeço aos meus amigos, pois tenho certeza de que nesse momento eles compartilham comigo desse sentimento, por isso deixo aqui a minha gratidão a todos que, de alguma forma, contribuíram para que esta obra fosse realizada.

Em especial, agradeço a minha namorada Léa Maria que sempre acreditou nos meus sonhos.

Aos queridos tios, Mauro Ivan Salgado e Maria José Brito; e ao amigo e parceiro Vagner Petri da Vapi Propaganda.

PREFÁCIO

IMPULSO EMPREENDEDOR é um livro de leitura fácil, objetiva, dinâmica e exemplificada com dezenas de testemunhas pessoais na iniciativa empresarial, verdadeiro manual de práticas e estratégias de vendas, com enfoque para a persistência, disciplina, interesse, seriedade, ética, transparência, veracidade, atenção e respeito ao cliente. Verdadeiro e incontestável patrimônio da empresa, não se olvidando os seus pertinentes comentários sobre viagens ao exterior, com foco e referência ao Oriente Médio. Por exemplo, na Turquia, um tapete para ser confeccionado leva quase um ano. É, na verdade, uma obra de arte de texturas e cores. Imagine prédios com vários andares lotados de tapetes; incrível.

Gianne também enfatiza de forma incisiva a importância da comunicação pelo vendedor e pela empresa, ao mesmo tempo em que aborda avanços, derrotas e conquistas pessoais e familiares, com ênfase para a constituição de empresa de cobrança, LENA COSMÉTICOS, LENA JEANS, PESQUE E PAGUE RANCHO ESPERANÇA, GSBCONSULTORIA EMPRESARIAL. Ressalta a importância da Internet como poderoso veículo de vendas, bem como preconiza que a credibilidade do vendedor e da empresa é fator preponderante para o sucesso das vendas.

Por meio da leitura atenta e cuidadosa do IMPULSO EMPREENDEDOR, verifica-se que é um livro didático com muitos ensinamentos sobre técnicas de vendas, qualificação, informação, capacitação e atualização do vendedor, despertando o empreendedorismo nos jovens.

Ainda, ao mostrar a relação profissional vendedor, consumidor e a felicidade no desempenho do seu trabalho, mostra o diagnóstico de como é possível obter sucesso nas vendas e criar o ambiente saudável para o crescimento da empresa, notadamente ao fazer uso diário do método da prospecção. Além da abordagem do contexto profissional, comercial, empresarial, econômico e lampejos da vida familiar, comenta sobre o projeto ambiental em que empreende esforços, dedicação e luta pela libertação dos pássaros.

Esta obra é um verdadeiro compêndio de Vendas, em que explicita os paradigmas e as principais ferramentas que o vendedor dispõe para alcançar sucesso financeiro e lograr felicidade pessoal e familiar. Permeia também, ao longo do livro, a presença de Deus invocada pelo autor como luz para iluminar o nosso caminho e resgatar o significado espiritual da nossa vida.

Nide Alves de Brito

Advogado e Bacharel em Ciências Sociais

IMPULSO EMPREENDEDOR

Este livro atinge público de vários níveis e pode ajudar qualquer pessoa a transformar a sua vida. Com o dom de escritor que Deus me concedeu, posso lhe assegurar que, acima de qualquer coisa, a minha maior satisfação é levar mensagens positivas para os jovens.

A cada dia que passa aumenta a minha convicção de que acertei no título "Impulso Empreendedor", onde mostro que qualquer um pode sair do zero e tornar-se um empresário, desde que tenha espírito empreendedor. Muitos desejam tornar-se empreendedores, porém são poucos que conseguem manter um negócio aberto e fazem prosperar.

Atuando há mais de 20 anos na área empresarial resolvi compartilhar os meus ensinamentos através desse livro. Tive a coragem que poucos autores em todo o mundo tiveram de expor as minhas derrotas e vitórias numa obra. Se não fossem as derrotas, hoje não saberia a importância das palavras, planejamento e foco para vencer.

Até aos 39 anos de idade fui me batendo na área de vendas, desenvolvendo trabalhos diversificados, mexendo em várias áreas as quais foram citadas no decorrer da obra. Em algumas atividades fui provocando para entender o processo completo da venda, como por exemplo, sempre tive curiosidade para entender uma das profissões mais antigas e que quase não vemos mais por aí, que são os "mascates". Para isso resolvi atuar como mascate, durante um curto período, para entender como eles faziam para vender os seus produtos. Na época, fiz esse teste vendendo calças Jeans na área rural. E foi assim que pude sentir que os "mascates" são grandes vendedores, pois trabalham com maestria a arte do bom relacionamento com o cliente.

Tudo isso serviu de experiência, tive como estímulo a intenção de, mais tarde, com todo o meu trabalho tornar-me um palestrante; no entanto não queria ser um palestrante vazio que não tivesse experiência na área comercial. Por isso, comecei a estudar a área de vendas. E, acredite, não existe um limite financeiro para o vendedor profissional. Abri e fechei vários negócios, isso a maioria das pessoas estão sempre fazendo.

Em janeiro de 2013, aos 39 anos de idade, fui convidado para fazer parte de uma das maiores administradoras de consórcio da América Latina, a RODOBENS Consórcio. Naquele momento eu estava seguro; montei o meu planejamento, coloquei foco no meu negócio e segui. E pude comprovar que quanto mais você organizar a sua vida, melhores frutos poderá colher.

Em 2017, ouvi de um empresário de sucesso, já com 102 anos, que o principal motivo de ter chegado bem numa idade tão avançada foi saber a importância da palavra "paciência".

Hoje, em 2018, aos 44 anos sou bem mais paciente do que antes. Determinei na minha mente que iria focar no Consórcio, e graças a Deus posso mostrar que é possível ser um empreendedor, um gerente de vendas ou um vendedor através de uma linguagem simples e exemplos reais do mundo dos negócios. Por meio dessa obra, quero ajudar você a progredir. Após a leitura você vai entender a importância de ter equilíbrio nos passos do empreendedorismo.

A sobrevivência de um negócio depende de uma série de fatores, e um deles é não agir por impulso. Espero que após a leitura desse livro você crie mudanças de atitude na maneira de gerir os seus negócios ou futuros negócios, pois devido ao impulso muitos empresários estão passando por dificuldades financeiras. Quando encontramos equilíbrio as chances de expansão aumentam continuamente e os resultados são positivos.

Os jovens são a nossa esperança para formar novos empreendedores, mas nem todos têm a sorte de nascer em famílias abastadas ou de ter um amigo que possa despertar o seu interesse no empreendedorismo. Por várias vezes, quando eu pensava e tentava montar uma empresa a palavra que mais ouvia das pessoas era sempre desanimadora: Olha, cuidado, isso não vai dá certo! Isso é complicado! Pouquíssimas pessoas irão ajudar com incentivos e palavras positivas.

Não deixe que as pessoas tenham o poder de destruir os seus sonhos antes de você tentar realizá-los. Aprenda com os seus próprios erros ou acertos, somente você poderá colher os espinhos ou flores na sua caminhada.

No decorrer da obra tento mostrar que é possível abrir um negócio de forma simples, não existe uma sofisticação para iniciar no empreendedorismo. Espero que entenda que nos dias de hoje as mudanças são repentinas e para aqueles que estão preparados as boas oportunidades, com certeza, aparecem.

Sabe-se que não tem como uma nação prosperar sem o entusiasmo da juventude, por isso é preciso incentivar a leitura, principalmente nas escolas; entendo que esta seja uma maneira eficiente de ajudá-los na formação profissional. Quando conseguimos despertar o empreendedorismo nos jovens estamos contribuindo para o desenvolvimento econômico no seu país.

Há alguns anos eu já havia entendido que um negócio pode levar anos para dar certo e ter uma posição de destaque na sociedade, e pode também, rapidamente, através de profissionais desqualificados, ir para o buraco.

É preciso preparar os futuros empreendedores! E nesse momento tenho convicção de que muitas pessoas, pelo mundo afora, têm o sonho de ser dono do seu próprio negócio e não sabem como dar início; por isso indico o meu livro que é uma ferramenta poderosa que já contribuiu com milhares de pessoas na formação de novos empreendedores.

Em cada capítulo desse livro você vai vivenciar exemplos reais onde vivi intensamente cada etapa da minha vida. Sei que existem inúmeras dificuldades na sua vida e o meu desejo é ajudar a superar os seus desafios e direcioná-lo para que você consiga transformar o seu sonho em realidade.

Os empreendedores são movidos por desafios, competições, ambição positiva, mas é preciso agir com cautela. É preciso planejar tudo com muita frieza antes de investir, eu mesmo, como digo no livro, perdi muito dinheiro por ter sido impulsivo na minha juventude, só depois que conscientizei-me da importância do planejamento é que as coisas começaram a dar certo.

Contando a minha experiência de vida contribuo para a formação dos jovens que estão comprometidos com o avanço do nosso país, transmitindo assim, a educação empreendedora para todos que pretendem abrir o seu próprio negócio.

Cada empreendedor tem a sua própria receita de bolo pronta. Para se fazer um bolo ter sucesso você precisa ter atitude. Não fique iludido achando que ser empreendedor é somente colocar no papel e ficar imaginando. É preciso ter ação, não existe um caminho fácil, tirar a ideia do papel para fazer acontecer e virar uma realidade vai depender de muito esforço e foco da sua parte.

Sempre falo para minha equipe de vendas de Consórcio que trabalhamos com números, e precisamos estar atentos para fazer os números ficarem positivos, para que isso aconteça, o empreendedor precisa estar totalmente comprometido com o seu negócio. Os números permitem saber se a sua empresa está dando certo, ou não, se está tendo lucro ou prejuízo.

Aproveite essa leitura o máximo que puder! Imagine qual o negócio que mais te atrai, que mais se identifique com você, e tente iniciar trabalhando para alguma empresa para adquirir experiência ou monte o seu próprio negócio. De uma forma ou de outra, você deverá usar todos os meios idôneos para alcançar os seus objetivos. No curso de vendas "Jovem Vencedor" ministrado por mim, sempre coloco para os meus alunos que a base de tudo é a honestidade, ninguém vai comprar ou fazer negócios com uma pessoa que não tenha credibilidade.

O empreendedor normalmente acaba passando por momentos difíceis e complicados. Aconteceu comigo aos 20 anos de idade, como falo posteriormente, montei uma empresa de cobrança e se tivesse desistido naquele momento, hoje não estaria nessa atividade tão maravilhosa do Consórcio, porque naquela época quando iniciei a empresa de cobranças, eu era inexperiente ao ponto de não ter calculado os riscos.

A partir de agora mostro a minha trajetória profissional que se iniciou aos 17 anos. Meu primeiro emprego foi em uma Locadora de Vídeo com a função de cobrador porta a porta, algo que era muito comum na época. Ia de bicicleta, passava casa por casa, cobrando. A persistência já estava na minha alma. Com 20 anos, montei uma empresa de cobrança em sociedade com um grupo de São Paulo que já trabalhava nesse ramo. Inexperiente e também muito impulsivo, agitado, acabei vendendo uma parte da fazenda da família além de várias cabeças de gado. Fiz isso, porque dentro de mim existia uma vontade tão grande de ganhar dinheiro e me tornar um homem rico que, às vezes, não entendia de onde vinha tanta vontade. Era tão forte que, quando colocava uma ideia na cabeça, não ficava quieto até conseguir atingir o objetivo. E na época, a minha vontade foi montar essa empresa de cobrança.

Na verdade, comecei de cima para baixo. É daí que vou iniciar, passando para todos os meus erros e acertos. Hoje consigo entender que deveria ter sido de forma diferente. Talvez, se não tivesse passado por tudo isso, não teria uma história para contar, e esse livro não existiria. É bom ressaltar que a intenção de produzir este livro é passar a minha experiência comercial e em vendas.

O ano de 1995 foi o mais difícil da minha vida. Perdi minha mãe para o câncer. Nessa época, eu já era pecuarista e trabalhando com o gado no campo percebia que era uma atividade a qual nos proporcionava qualidade de vida, pois estávamos bem perto da natureza, mas mesmo assim era uma vida sofrida.

No Brasil, infelizmente, há um ditado que diz: “Sempre quem produz é sofredor, ainda mais quem produz o produto chamado leite”, ou seja, somente fica rico o dono do Laticínio. Por isso a vontade de me tornar um empresário crescia cada vez mais, porque até o momento eu achava que tudo seria muito rápido e menos sofrida que a vida dos meus pais. Vida sofrida em termos, pois eles tinham outras atividades fora da Pecuária. O sofrimento a que me refiro é na atividade de Pecuária, pois você depende dos fatores climáticos e o preço do leite sempre valendo menos que uma garrafinha de água mineral.

Na vida, é normal a gente se espelhar em pessoas da família que conseguiram prosperar, comigo não foi diferente. Cresci, ouvindo os meus tios falarem de um primo que prosperou bastante com a atividade de cobrança. Ele se tornou dono de um dos maiores grupos de cobrança do

Brasil. E foi assim que resolvi procurá-lo e me tornei sócio de uma de suas empresas de cobrança. Na época, montamos a maior empresa de cobrança do Estado do Espírito Santo. Ele comprou uma sala muito grande em Vitória-ES, metade de um andar de um prédio, o espaço possuía de 800 a 1000 metros quadrados. Reformou esse espaço, revestiu o piso todo com granito, instalou ar-condicionado e várias divisórias. Chegamos a ter 17 funcionários. Foi a época em que me senti mais realizado, um verdadeiro Empresário. Eu tinha uma sala com vista para o mar onde fica o Porto, no centro de Vitória-ES. Dali ficava olhando o embarque e o desembarque dos grandes navios.

FALTOU PLANEJAMENTO E CONHECIMENTO SOBRE O ASSUNTO

Minha vida estava passando por uma turbulência naquela época, pois havia acabado de perder a minha mãe, e foi então que aconteceu um dos meus erros: vender uma parte da fazenda e o gado para investir em algo que eu não entendia absolutamente nada. Eu queria diversificar da atividade de pecuária, naquele momento somente conseguia enxergar aquela empresa como a única forma de ficar rico. Normalmente é isso que os jovens buscam: dinheiro rápido. Outro erro foi querer estar no nível desse grande empresário, foi achar que poderia, sem nenhuma experiência, entrar no mercado apenas acreditando que ser sócio dele seria tudo. Ele em São Paulo e eu administrando em Vitória – ES, sem saber nada sobre cobrança. A única vantagem foi que o meu pai trabalhava comigo e sempre foi um homem muito inteligente, por isso, a parte de Contabilidade ele pegou com facilidade e rapidez. Quando começamos a trabalhar, fiquei responsável pela parte de relações públicas, sem ao menos ouvir falar de Ivy Lee, o criador das relações públicas. Às vezes, eu ajudava na equipe de cobrança, foi assim que comecei a entender a importância da palavra Equipe.

Trabalhávamos com uma empresa de cobrança que era sócia de uma das maiores do Brasil. Nós atuávamos com as maiores multinacionais de confecção e varejo no

Brasil, com grandes bancos e outras empresas. A cobrança funcionava da seguinte forma: a pessoa comprava com o cartão de crédito da loja ou do banco, quando não pagava na data correta a loja mandava para nós da cobrança, e o nosso serviço se iniciava com o cadastro dos clientes inadimplentes. Eu analisava as fichas e passava para a equipe de cobrança que ficava o dia todo ligando para os clientes, mandando cartas e buscando o cliente a todo custo, porque o nosso lucro somente existia se a nossa cobrança tivesse sucesso. Naquele momento eu ainda não imaginava que mudaria de cobrador para vendedor e que um dia seria consagrado na área de Vendas.

A IMPORTÂNCIA DA PALAVRA EQUIPE NUMA EMPRESA

Como disse, anteriormente, cometemos vários erros. Um erro imperdoável foi não entender a importância da palavra Equipe. Eu acordava muito cedo, chegava cedo à empresa e achava que isso seria a razão do nosso sucesso: chegar cedo e sair tarde. Não compreendia que o certo seria observar e valorizar os funcionários, ir percebendo quais deles eram os melhores, os mais talentosos, e assim, ir formando uma boa Equipe. Em vez de ir excluindo aqueles cobradores que não tinham talento, eu, sem noção sobre trabalho em Equipe, ia deixando as coisas acontecerem e achando que, se eu chegasse cedo e acompanhasse tudo de perto, já estaria bom demais. Na verdade, nossa equipe não foi preparada a tal ponto para a função. Tenho que deixar claro aqui que meu pai é um homem muito experiente, no entanto, com a enfermidade de minha mãe se agravando, estávamos vivendo um momento muito difícil, por isso não deu tempo para entendermos que tudo estava errado.

AS EQUIPES DE VENDAS

Numa empresa a Equipe, para ser de excelência, precisa ser treinada constantemente. Entre os componentes da equipe não pode haver situações de ciúmes, gestos de indolência e não se deve ficar um dependendo do outro para agir. Na Equipe, deve-se evitar comentários desagradáveis uns com os outros para que se trabalhe em um ambiente favorável, é preciso se unir para trabalhar com o mesmo foco e obter bons rendimentos. É preciso entender que numa loja de jeans, por exemplo, se o foco é atingir 20 mil em vendas por mês, deve-se tentar juntos atingir os 20 mil ou mais por mês. O dono depende dos vendedores; os vendedores dependem do dono e os fabricantes dependem de todos nós para vender os seus produtos. Falando-se em jeans, uma das coisas que me fascinam na sua venda é a grande quantidade de empregos gerados. Onde se tem um polo de confecção o povo vive dignamente, pois consegue trabalho ligado ao setor de confecção.

Imaginemos, então, uma corrida de Rally em que se tem o piloto e o copiloto. Para correr, eles dependem de uma equipe, não adianta o piloto ser o melhor do mundo se o copiloto não estiver atento. Com a mente dividida, em algum momento da corrida isso pode significar a derrota da equipe. Um erro do copiloto leva toda a equipe à derrota. Equipe é pensar em conjunto e, em conjunto, tentar atingir o foco. Pode-se ter o melhor carro, o melhor piloto e o melhor combustível, mas se alguém falhar a equipe perde. É uma verdadeira corrente de pensamentos positivos em busca de algo comum naquele momento. Assim acontece com uma Equipe de vendas. É preciso seguir os planos da Equipe; ter disciplina e inteira devoção em Vendas. Se um membro não segue com disciplina, não se chega ao objetivo. Um grande problema é ter um membro desligado.

AINDA A EMPRESA DE COBRANÇA

Falando ainda da empresa de Cobranças que montamos, e podendo hoje observar com olhos de quem já tem alguma experiência, faço algumas comparações e repito: existiam várias coisas erradas. Eu deveria ter deixado duas cobradoras boas em vez de quinze ruins, e ir mostrando para essas duas a importância da palavra Equipe. Na época, não tive competência para colocar a Equipe em sintonia. Era possível ganhar muito, se a equipe estivesse preparada. Não era necessário acordar tão cedo como eu pensava. Naquele tempo, com apenas vinte anos, eu achava que tudo seria muito fácil, e a tal riqueza ia chegar a qualquer custo. Hoje, posso afirmar com convicção que você pode ter a melhor jogada de marketing, mas se não tiver uma boa Equipe não conseguirá ir à frente. Tentei fazer um marketing pessoal como profissão em relações públicas, contudo o certo era fazer o Marketing de Seminários, no caso da empresa de cobrança seria mais eficiente e suficiente.

Como eu era um jovem muito ambicioso, imaturo e me inspirava em empresários de sucesso, acabei induzindo meu pai a montar essa empresa de cobrança. Meu pai, para fazer a vontade de um filho que queria trabalhar e vencer, aceitou. Cada um tem seus méritos, cada um nasce para uma coisa nessa vida. Eu queria ser empresário a qualquer custo, e naquele momento achava que havia nascido para administrar uma empresa de cobrança.

A sensação de, com apenas vinte anos, ter a maior empresa de cobrança do Estado do Espírito Santo era inexplicável. Eu era relações públicas, sócio, cuidava da carteira dos clientes e almoçava com gerentes. Comecei a mexer com vários tipos de pessoas. Nesse ponto, quase não cometia erros, porque meus pais me deram uma boa educação. Isso me ajudou muito. Ser filho de quem eu era, ajudou-me a saber entrar e sair de uma situação.

SOCIEDADE COMERCIAL

Sabe-se que sociedade não é e nunca foi fácil, mas não tenho do que me queixar. O nosso sócio deu total liberdade para mim e meu pai administrarmos a empresa. Ele não perturbava em nada, fez tudo o que estava ao seu alcance. Nós também fizemos o que estava ao nosso alcance, pois essa empresa era mais uma vontade minha do que de qualquer um ali, porém não houve solução. Formamos a empresa e em sete meses, fechamos.

Hoje, se alguém quiser montar uma empresa, e se essa pessoa estiver disposta a ler e entender bem o que estou dizendo aqui, vou explicar o porquê fechamos tão rapidamente. O primeiro motivo: o capital para formação da empresa era alto demais para nós, mas como eu era ousado, ganancioso e inexperiente, acabei persuadindo meu pai a deixar que eu entrasse na sociedade, mesmo com esse capital alto. Minha vontade de vencer era tão grande que encaramos a situação. Se fosse preciso passar frio ou fome eu estaria disposto, pois queria vencer de qualquer maneira. No nascimento da empresa foi tudo maravilhoso, mas na morte eu senti pela primeira vez uma pancada tão grande que prometi a mim mesmo que dali para frente, se um dia tivesse outro negócio, seria tudo muito diferente, daria prioridade à simplicidade e a um maior investimento em pessoas.

O segundo motivo: entrar num negócio sem nenhuma experiência como nós entramos, não é aconselhável. A experiência que tive foi um pequeno estágio em São Paulo, na matriz, durante uma semana, e nada mais. Antes de entrar para qualquer atividade é bom se preparar, analisar o mercado e verificar as concorrências. Caso resolva mesmo montar uma empresa ou algum negócio, faça uma análise de tudo, com calma e prudência, não se deixe levar pelo impulso; não se deixe levar pela vaidade; não se deixe levar pelo orgulho.

Montar uma empresa, administrar, ver crescer, ficar conhecida e obter resultado é um trabalho que leva tempo e muito preparo de quem está administrando. Não é uma tarefa fácil cuidar de um negócio. É preciso ter dedicação total e conhecimento profundo.

Às vezes, achamos que o caminho mais fácil é aquele que devemos seguir, mas na maioria das vezes, o que parece fácil é o verdadeiro caminho mais difícil de seguir. Quando montamos a empresa, acreditei que seria mais simples do que a atividade de pecuária que, na época, era e continua sendo até hoje a principal atividade da minha família. Encontramos também na pecuária alguns entraves, pois se chove demais o leite cai; se o sol esquenta também cai; se esfria, cai; portanto, depender do tempo nunca foi fácil. Então muitos vendem fazendas para montar negócios e terminam como eu: sem uma parte da terra, sem gado, sem renda e com a tal empresa fechada. Ainda bem que Deus foi bom comigo e me deu um pai dedicado ao trabalho. Assim voltamos e dedicamo-nos integralmente à pecuária de leite.

Outra coisa importante a ressaltar é que muitas pessoas me alertaram para não entrar tão fundo assim. Esse foi outro erro: não ouvir pessoas queridas que desejavam o meu bem. Eu não ouvia as pessoas, não compreendia o significado da palavra paciência. Ter paciência é fundamental para montar um negócio. Lamentável ter aprendido essa lição pela dor.

Meu histórico mostra que o resultado de tudo o que aconteceu é, verdadeiramente, a terceira lei de Newton: Lei da Ação e Reação. Além do mais, eu poderia suportar mais tempo com as portas abertas, porém como não fechavam as contas, preferi nesse momento ouvir os conselhos para não fazer dessa empresa uma catástrofe. Estava aflito, mas sabia também que era novo e poderia recomeçar.

É certo que para aqueles que passam por isso, sabem que não é fácil fechar uma empresa ou loja a qual você montou com tanto carinho. É extremamente doloroso, pois sua mente não aceita a ideia de fechar. Devemos lembrar que a vida continua e precisamos seguir em frente, nesse momento temos que aprender com a natureza; o camelo mesmo com fome e sede continua caminhando no deserto.

Não foi fácil passar pelo o que eu passei. Meus sentimentos e pensamentos não concordavam em fechar a empresa, entretanto como acredito em Deus, sabia que em breve a tempestade iria passar. Outro erro foi querer achar que aquilo que deu certo para um, daria certo para mim ou para outro também. Temos de seguir nossa estrela, nossa inspiração e nossos ideais, não querer achar que copiando os outros vamos acertar.

Resumindo: não devemos copiar uma história, é preciso criar a nossa própria história. Se você tem aptidão para a comunicação, vá em busca de algo nesse ramo. Não queira ser político só porque possui um tio ou um amigo que é um grande político. Aos poucos tudo começa a fazer sentido. Seguindo seus sonhos e não os sonhos dos outros, a vida começa a ser real. Mesmo que sua história seja pequena, ela deve ser contada por você.

Outro erro, apesar de eu ter sido "relações públicas" da empresa, eu tinha dificuldade de relacionamento, e isso era um ponto muito negativo, pois o cliente precisava de assistência. Na prestação de serviço você precisa se relacionar o máximo com os clientes, com os funcionários, com gerentes, diretores, enfim, com todas as pessoas. E se não absorver isso rapidamente, só vai perdendo espaço no mercado.

Devemos entender que os erros e os acertos podem acontecer em qualquer empresa. Estou citando o acontecimento para que você entenda que, mesmo enfrentando muitas dificuldades, nunca me senti fraco. O ponto fundamental e desfavorável para fecharmos a empresa de cobrança foi por ter perdido, por circunstâncias alheias a nossa vontade, o cartão de um grande banco que poderia gerar maiores lucros, logo após essa perda começamos a trabalhar no vermelho e, consequentemente, veio o fechamento da empresa.

RELACIONAMENTO SAUDÁVEL

Relacionamento saudável é necessário em qualquer negócio. Há pessoas que conseguem ganhar dinheiro vendendo brinquedos, outros já não conseguem. Brinquedo vende-se bem por si só; porém a loja que vai vender mais, certamente, é aquela em que o dono ou gerente tenha melhor relacionamento com seus clientes.

Você fala, respira e enxerga pelo poder da sua mente. Por isso não podemos em momentos de desafios, quando perdemos algo, desmerecer o poder da mente. Nem sempre a mente consegue atingir o foco para que dê certo aquilo que você almeja. No entanto, tendo a mente focada em pensamentos positivos, aquilo que deu errado fica para trás e outros desafios vão surgindo e sendo vencidos, aos poucos, por meio de pensamentos positivos.

Com aproximadamente 20 anos, considerei-me humilde, mas na realidade, naquele momento não tive humildade. Faltou-me o exercício da humildade que, segundo dizem, temos a necessidade de exercitar em nós.

Em relação a heranças, posso afirmar que quase todas as pessoas quando a recebem, normalmente, não estão preparadas para recebê-la. Em geral, os pais não treinam os filhos para dar continuidade ao que construíram, e os filhos, quando recebem uma herança, ficam meio perdidos. Hoje, se eu tivesse um filho, iria prepará-lo para dar seguimento aos meus negócios, mesmo que, futuramente, não fosse a vontade dele.

No meu caso foi um ato de querer ser empresário na marra, pois, na verdade, tornar-se empresário passando anos no mercado, perdendo, ganhando, vivendo o dia a dia da prática comercial, isso leva tempo, muito tempo, até você se sentir preparado. Só o tempo faz de você um comerciante ou empresário. Não adianta você receber a maior herança do mundo ou ganhar na Megasena e querer entrar para o mercado de Ações, se não entende nada de Ações.

É preciso dedicar seu tempo com disciplina e integralmente à vida comercial para conseguir manter uma porta aberta. Não existe história de sucesso sem disciplina e dedicação.

Não importa se você está trabalhando numa empresa há um mês ou há mais de 10 anos. O importante é que você faça do primeiro ao último dia do mês o seu trabalho com compromisso, disciplina e dedicação, trabalhando todos os dias como se fosse seu primeiro dia de serviço. Nunca deixe o desânimo alcançar você, motive-se. A empresa certamente vai perceber seu potencial e dedicação. Pense que o empresário precisa de pessoas dedicadas para fazer girar o negócio e atingir seus objetivos.

Particularmente, admiro muito um apresentador de um programa de televisão, um senhor, certamente, com mais de 80 anos de idade, mas para mim um grande professor de vendas. Todas as apresentações dele, aos domingos, é como se fosse a sua primeira apresentação. Apesar da idade avançada ele está sempre animado, para cima. Ali vai vendendo seus produtos com técnicas de vendas muito inteligentes, demonstrando que nós, simples vendedores, temos muito a aprender com esse grande empresário e comunicador que conseguiu passar de camelô a empresário, hoje milionário, usando o seu poder de comunicação.

O bom vendedor deve tratar seus clientes com respeito. Deve agir com ética e respeito aos seus princípios. Deve entender bem sobre o produto que está vendendo e tentar alcançar o maior número de vendas, sem precisar vender a sua alma. É normal empresas que agem de má fé e induzem o vendedor a agir também desse modo. São empresas que só querem acumular riquezas. Não podemos desacreditar que é possível lucrar com ética e responsabilidade pelo que se está vendendo.

Algumas empresas de revistas, às vezes, cobram mesmo após o cliente cancelar a assinatura, ganhando dessa forma milhões, mas deixando a ética de lado. Lucros que podem se tornar processos. Vai mais uma dica: é melhor vender menos com segurança e respeitando o mundo corporativo do que vender mais sem fidelizar realmente o cliente, sem nem mesmo respeitá-lo.

Muitas vezes Deus nos coloca em lugares que nunca imaginávamos que poderíamos chegar. O importante é não deixar o poder subir à cabeça. Mesmo que você more num palácio, não deve tratar as pessoas que dependem de você como se fossem criados. Sugiro que os bons vendedores quanto mais dinheiro ganhem, mais oportunidades deem para os novos vendedores que entram no mercado, compartilhando os seus saberes e vivências.

Estou falando isso porque na estrada do destino, já vi muitas pessoas que se sentiam superiores e se diziam felizes, hoje estão arruinadas e sem inspiração para recomeçar, porque humilharam tanto os outros que ninguém tem prazer em estar perto. Essas pessoas se esquecem de que todo reinado é passageiro, o que fica são as boas atitudes e o bem que se faz. O dinheiro que se ganha num curto espaço de tempo, em geral, sobe à cabeça. Lembre-se de que seu verdadeiro tesouro são suas origens, a sua família. Há pessoas que crescem, fazem fortunas, porém demonstram não estarem preparadas para viver em sociedade. Mude enquanto há tempo: se errou, faça uma reflexão sobre seus atos e se precisar, recomece.

Em vendas, temos que ter disciplina. Isso era algo que meu pai sempre tentava me ensinar. Apesar de nunca ter empregado a disciplina nos estudos jurídicos, procurei usá-la em vendas. Dificilmente alguém chega a uma posição de destaque em um grande grupo, se não for pontual e não gostar de cumprir religiosamente seus compromissos. Isso, realmente, é disciplina.

O IMPULSO EMPREENDEDOR

Resolvi montar uma corretora de imóveis: arrumei um sócio mais velho que eu e mais experiente no comércio e, assim, iniciamos a corretora. A corretora denominada Santa Clara não durou muito, rapidamente fechamos as portas. Eu ainda tinha dificuldade de relacionamento com as pessoas, já havia atuado como relações públicas, mesmo assim continuava com essa dificuldade. Não era fácil enfrentar as outras corretoras que estavam no mercado há muitos anos.

Para tentar dar uma alavancada em meu ego, candidatei-me a vereador, mas perdi a eleição. Lutei muito, fui bem votado, porém perdi por Legenda. Realmente não era para ser eleito.

Nesse tempo, paralelo à campanha continuei sempre ligado à pecuária não só tirava o leite mas também comprava e vendia bovinos, e foi a partir daí que comecei a atuar fortemente como vendedor. Tomei gosto pelas vendas do meio rural e faço isso até hoje, sempre temos que comprar vacas e novilhas para a reposição do gado de leite, e também vender as vacas que são descartes ou novilhas que não têm origem para leite.

Em 2003 iniciei fortemente no comércio. Montei outra firma, uma distribuidora de bebidas. Comprava o produto no interior e vendia em Vitória, Vila Velha e Guarapari. Esse empreendimento deu certo; tão certo que já estava pensando em montar um alambique. Vendia bem e tinha bom retorno financeiro. Entretanto estava arrumando muita inimizade por disputa de área e já não me sentia bem vendendo a bebida; então por motivos particulares resolvi fechar.

Muitos param no meio do caminho, quando tomam um baque, tendo que fechar vários negócios por diversos motivos. Mas posso afirmar que estava tão determinado a ter uma empresa com a qual me identificasse melhor que não desistia de forma nenhuma, estava sempre buscando me encontrar e firmar em novas áreas.

Mais tarde, tive o impulso empreendedor de criar uma empresa e nomeá-la com o nome de minha mãe, em sua homenagem. E para isso em 22 de novembro de 2006 criei a "Lena Cosméticos", uma distribuidora de cosméticos que também funcionava porta a porta.

Quando iniciei nesse ramo, já estava mais experiente, procurei a ajuda do SEBRAE (Serviço Brasileiro de Apoio às Micro e Pequenas Empresas), abri uma firma com CNPJ (Cadastro Nacional da Pessoa Jurídica) e contratei os serviços de um contador para cuidar dos encargos sociais e tributos. Além das vendas normais, fizemos um trabalho com Kits para vendas porta a porta. E essa ideia deu certo, as vendas foram favoráveis!

UNS MUDAM DE ATIVIDADE E OUTROS NÃO

Cada pessoa é de um jeito. Há alguns vendedores que viram o mundo mudar da histórica queda do muro de Berlim ao desmantelamento da União Soviética, acompanharam o atentado ao World Trade Center, o surgimento da tecnologia do Celular e, mesmo assim, não mudaram de ramo. Outros, como eu, passaram por várias experiências e nem por isso a vida deles foi, ou é um tédio; e eu sou um forte exemplo disso. E sabem o porquê? Tanto eles que não mudaram de atividade, quanto nós que passamos por várias mudanças empreendendo, já fizemos tantas coisas dentro do ramo de vendas que não sobra tempo para o tédio, ele não existe. No meu caso, sempre estive em busca de algo com que tivesse uma maior afinidade, não foi somente por um desafio.

Mantive a "Lena Cosméticos" por um ano, fechei as portas, desvinculei-me e comecei a trabalhar para uma empresa de confecções, onde eu era vendedor externo. Na época, eu saía com o mostruário, apresentava de loja em loja, oferecendo e anotando os pedidos. Até que resolvi montar a "Lena Jeans". Conhecer o mercado do jeans foi fascinante, pois até então só conhecia o comércio varejista. Foi com a Lena Jeans que conheci a venda por Atacado. Por meio de tudo isso que estou escrevendo, quero ajudá-lo a aumentar as suas vendas, mostrando que, apesar de abrir e fechar várias empresas, não se pode perder a autoconfiança, a determinação e persistência em atingir o foco que se busca.

EM VENDAS

É importante sempre pedir aos conhecidos para fazer indicações, pois essa é uma maneira de captação de clientes, de jeito bem simples. É importante ouvir bem o cliente, observar e tentar adivinhar seus pensamentos, a ponto de perceber as necessidades que fizeram ele ir até você. A partir daí, inicia-se a fase chamada de pré-venda. Essa é uma fase interessante, porque na verdade você ainda está na expectativa de fechar a venda, e para isso é importante estar bem preparado. Quem vende carros, por exemplo, quando se sente preparado não fica toda hora pedindo informações ao gerente. Este é o último recurso, pois não é interessante ficar procurando o gerente na pré-venda. Mas existem vendedores que mostram estar despreparados e se sentem inseguros, recorrendo muitas vezes ao gerente para pequenas coisas.

Já comprei vários carros e posso afirmar que, em relação à venda de carros, até hoje encontrei poucos vendedores interessados e preparados; os outros ou estavam cansados da profissão ou realmente despreparados. Vai uma dica: cansou? Muda! Não é legal ocupar uma posição trabalhando desanimado. Vender carro é uma profissão lucrativa, porém se entrar para o mercado despreparado, você vai vender mal e ainda dar prejuízo para a concessionária, porque o cliente não vai voltar. A concorrência em vendas de carro é muito grande, por isso é preciso tentar fidelizar o cliente visando novas vendas.

Uma coisa importante, antes de montar um negócio, é saber para quem você vai vender o produto e se tem segurança daquilo que está tentando vender. Exemplo: um conhecido meu, formado em um curso Técnico de Agropecuária, sempre teve vontade de criar peixe. Assim que se formou, voltou para a terra do pai, no interior do Espírito Santo, e iniciou sua produção de peixes. Fez os poços e começou a criar.

O caso foi bem interessante, pois ele nem chegou a sentir a venda do peixe no mercado, uma vez que o peixe foi todo roubado. Ele era um técnico preparado para a função, mas faltou um planejamento de segurança daquilo que pretendia vender. Faltou entender que o peixe é muito fácil de ser roubado. Essa falha desmotivou-o, e levou o jovem a desistir do sonho de criar peixe. Na verdade, se quisesse mesmo criar peixes, ele iria se adequar e tentar, dentro da técnica, colocar a segurança necessária para que o seu produto chegasse ao mercado.

Em geral as pessoas procuram estabilidade, mas nem sempre encontram com facilidade. Se você gosta do que faz, está certo do que está vendendo e leva a sério o trabalho, saiba que a venda é um ramo lucrativo. É interessante ter domínio total daquilo que se pretende vender. Vender é uma arte! Conheço pessoas que, em quinze anos, fizeram fortuna no ramo de vendas. Empresas que começaram sem muitas expectativas e hoje se tornaram uma das maiores redes do mundo, vendendo seu produtos e serviços.

Ganhar dinheiro em vendas é interessante, porque tudo se vende. Sempre há alguém interessado, querendo consumir. Posso afirmar que existe uma grande carência de bons vendedores no mercado!

Quando pensei em escrever este livro, levando em conta que respiro vendas 24 horas por dia, estava iniciando a montar uma loja de jeans. Procurei montar a loja num esquema de vendas inacreditável, num ponto bem distante da rua principal e do comércio, numa pequena cidade do interior do Espírito Santo. O impressionante é que vendíamos igual a qualquer loja, numa cidade pequena. Criei a "Lena Jeans", na época vendíamos de tudo na loja, porém tínhamos como foco calças masculinas de qualidade, para serviço.

Assim provamos que não é preciso ter um ponto comercial tão bem localizado para se vender jeans. Grandes empresários acabam investindo muito em pontos comerciais em locais mais visados, e na verdade o jeans por si só é um produto vendável. Posso afirmar que em qualquer lugar do mundo, se você for vender jeans, vai conseguir vender bem. O ponto fundamental é saber onde e como comprar o produto. Para isso tem que se viver intensamente a vida comercial no ramo das confecções.

No momento em que resolvi montar a distribuidora de jeans, já havia passado por vários desafios. Com o jeans, eu me senti muito bem e se não fosse o Consórcio estaria até hoje no ramo. Faça "sol ou chuva" estou sempre vendendo alguma coisa! Acredito que seja por isso a minha vontade tão forte de passar as informações para todos que desejam crescer no ramo de vendas.

ALGUMAS ATITUDES QUE AJUDAM A VENDER MAIS E MELHOR

Há coisas simples que você pode utilizar para alavancar nas vendas, isto é, para vender mais e melhor. Não custa nada dizer para os seus clientes: "Está tudo bem com a senhora?", "Está tudo bem com o Senhor?", "Bom dia!", "Boa tarde!", "Que bom vê-lo aqui". É importante utilizar sempre palavras positivas. E pegar na mão é fundamental, vai passar e transmitir confiabilidade para quem vai comprar.

O segmento de vendas é uma verdadeira guerra comercial. Uma empresa lança um carro popular de tal modelo, vem outra empresa e lança outro modelo tentando superar. A peça fundamental para colocar os carros nas ruas é a habilidade dos bons vendedores.

CEMITÉRIO DOS MAUS VENDEDORES

Aprendemos a vender até com o pipoqueiro. Um bom vendedor de pipoca, por exemplo, é aquele que tenta manter a pipoca quente no carrinho. Se tentar vender pipoca fria, estará enterrando o seu carrinho no cemitério dos maus vendedores, onde todo dia tem vendedor sendo enterrado. Um bom vendedor de pipoca só vai te oferecer a pipoca quente. Quando você tenta fazer comércio com uma pipoca fria, você está chutando seus clientes. Enquanto isso, quem trabalha de forma correta só vai aumentando seus ganhos.

Todo vendedor sabe que não somos nada sem os nossos clientes. Entretanto, há vendedores que ficam reclamando que estão ganhando mal, tentando justificar os seus erros. Não procuram se adequar, fazer cursos de vendas, não leem e se negam a aprender. Enquanto outros buscam ler bons livros, fazer cursos, seminários de vendas, a fim de adquirir mais conhecimentos na área. Por isso estão ganhando mais. Vender depende de técnicas, estudo e investimento. Agindo de forma correta, você conquista, atrai e mantém o cliente.

Nada disso adianta se dentro de você não tiver uma grande vontade de vencer, de crescer, de ser reconhecido como um grande vendedor. Normalmente quem atinge o *status* de um grande vendedor, atuando como empregado ou não, acaba tendo um bom padrão de vida. Se for dono da empresa e for bom vendedor, seus rendimentos poderão ser excelentes.

Outro ponto fundamental é investir em *Marketing*. Grandes empresas investem de 10% a 30% do lucro em *Marketing*. Cada um tem um público que pretende atingir. O resultado de todo seu trabalho é alcançado quando você leva seu produto até o cliente ou leva o cliente até o produto. Tudo depende da maneira e do público que você pretenda atingir.

Quando buscamos o mundo das vendas, normalmente temos vontade de obter lucro com nossos produtos e serviços. Na verdade, acredito que quase todos que estão no comércio desejam ficar ricos. Muitos dizem que o "dinheiro não traz felicidade". Para nós que vivemos e respiramos "venda" o dia todo, ganhando muito ou pouco estamos na pista e não desistimos, porque temos a esperança de atingir a meta em vendas e com isso alcançar a chamada riqueza; só que hoje, já mais experiente tento agir com mais prudência e equilíbrio. Logicamente que a riqueza ideal é ter dinheiro, saúde, amigos, família unida e sempre presente no nosso dia a dia.

UMA EQUIPE DESPREPARADA

Temos como um exemplo de equipe despreparada, o momento quando você chega numa padaria para tomar um café. Logo de início, demoram para atender e esse é um erro grave; outro erro quando você encontra a mesa suja; e o pior quando a pessoa que serve começa a conversar com a colega atendente e fala pra outra: – Nossa... ainda bem que estão indo embora, assim terminamos mais cedo! Isso, dizendo de uma maneira que acham que os clientes que estão sentados não estão ouvindo a conversa delas. Normalmente, quando isso acontece é devido à falta de preparo ou mal pagamento, ou então é comportamento da pessoa mesmo que já possui um temperamento forte e, portanto, não deveria trabalhar com atendimento às pessoas.

O VENDEDOR TRAIDOR

Este tema é sobre um fato verídico. Um empresário pediu a uma pessoa desconhecida para testar seus vendedores. E ao perguntar sobre os preços, um dos vendedores informou que aquela loja tinha o preço mais caro da rua e que o cliente procurasse mais à frente que encontraria uma loja com o preço mais em conta. Nesse caso, observa-se que a insatisfação é tão grande que o vendedor nem se preocupa em esconder nada. Um dos fatores que faz isso acontecer é quando a loja só pensa em si mesma, não valoriza o funcionário e não repassa comissões. Acontece também quando os donos são tão prepotentes que entram sem cumprimentar os funcionários e clientes, sem ao menos dar um bom dia ou boa noite para sua equipe. No último caso o vendedor, por vontade própria, acaba agindo de má fé.

O VENDEDOR DE MILAGRES

Para ser um vendedor de milagres não é preciso se fantasiar, nem aumentar muito as coisas, tudo deve ser vendido com uma certa normalidade. Se tentar vender algo num ritmo onde você coloca o produto numa posição, como se fosse fazer um milagre, não vou dizer que não vai dar certo; mas uma hora a casa cai. Vender algo que é complexo, tentando mostrar que é simples ou o contrário. Um exemplo de vendedor que gosta de fazer milagres nas suas vendas seria aquele que vende chapinha para alisar cabelo de mulher e diz: – Olha essa chapinha, é a única do mercado que alisa seu cabelo somente com uma passada. A cada dez pessoas, duas vão levar o produto, uma vai voltar e reclamar e de nada vai adiantar. Ele continuará suas vendas tentando ganhar o chamado dinheiro rápido, sendo que, com suas atitudes erradas vai perdendo clientes, porque não consegue dar garantia no que promete.

Na vida, em todos os sentidos, milagres não existem. Certo dia, um médico milionário montou uma clínica em São Paulo para atender celebridades, e precisava de médicos com doutorado o que não se tem muito no mercado. Então o médico milionário conheceu um médico mais velho e bastante experiente. Durante a conversa, o médico experiente disse que seu filho estava fazendo doutorado. Logo o médico milionário se interessou pelo rapaz e disse que tinha um emprego para ele, só precisava trabalhar uma vez por semana. O pai imediatamente falou com o filho que ficou todo empolgado e já queria ir conhecer o tal médico e a grande proposta. O pai optou por ir junto com o filho. Então foram à clínica e a proposta era de dez mil reais por dia, e o rapaz só precisava ir uma vez por semana. O pai, muito experiente, já havia avisado ao filho para não responder nada na hora. Sabendo que milagres não acontecem, chamou o filho e o aconselhou a ficar quieto, dando continuidade no doutorado, pois milagres não acontecem. O filho até queria ir atrás dos dez mil por dia, porém o pai não deixou. Após seis meses, receberam a notícia de que a Clínica havia fechado e o médico tinha sumido.

UMA TÉCNICA DE VENDAS BEM SIMPLES

Um mestre de obras, cansado da profissão, resolveu entrar para o mundo das vendas. Analisando a técnica de vendas dele, resolvi passar-lhe apenas um exemplo. Graças a isso, hoje vendendo mamão e milho em uma caminhonete Chevrolet 83, ele ganha bem e já está iniciando uma distribuição dos seus produtos para supermercados. Interessante é que ele encosta o carro próximo às feiras e vai vendendo o mamão e o milho, em cima do próprio carro. O diferencial, segundo ele, é a arrumação: utiliza papel toalha, tudo muito limpo e organizado. Dessa forma, ele impressiona o cliente usando a técnica da aparência de um bom produto. Uma técnica simples, mas que faz a diferença. Ele chega a vender, a cada final de semana, só no carro, mais de 200 dúzias de milho verde. Para se ter uma ideia, o milho é comprado nas roças a R$1,20 a dúzia. Enquanto a concorrência vende a R$7,00 ele vende a R$5,00. Com esse espírito empreendedor, logo ele estará distribuindo seus produtos nos supermercados. Isso é empreendedorismo, é querer fazer algo acontecer e ter vontade. Como dizia Albert Einstein: “Há uma força motriz mais poderosa que o vapor, que a eletricidade e a energia atômica: a vontade”.

O VENDEDOR SEM RUMO

É normal encontrarmos um vendedor sem rumo e ouvir sempre dele: – Olha, agora estou vendendo geladeira... agora estou vendendo móveis. Depois de um ano, ele lhe oferece outro produto. Mais um ano, outro produto. Poxa, que ele é vendedor sabemos, mas não se especializou num ramo. O ruim de ser assim é que toda vez que você sai de um ramo para outro, normalmente, você sofre para refazer a clientela pois tem que fazer tudo de novo. Talvez seja melhor persistir numa mesma atividade até chegar a hora do reconhecimento dos clientes, e aguardar o seu produto atingir o sucesso. O bom mesmo é buscar um equilíbrio tendo o foco em vendas de uma determinada linha ou produto. Não querer abraçar tudo de uma vez.

A Internet hoje é um canal de vendas onde você consegue praticar as vendas numa dimensão bem maior do que ficar numa loja esperando o cliente entrar. Para isso é necessário ter habilidade e experiência, pois na pré-venda você não está tendo o contato corpo a corpo com o cliente. Outro dia, eu precisava comprar dois bois da raça Holandesa. Como estou no norte do Espírito Santo e entrego o leite que produzo para um laticínio em Nova Venécia ES, que também fica no norte do Espírito Santo, saí procurando os bois aqui pelos arredores mesmo.

Os próprios veterinários do laticínio não sabiam indicar um vendedor de bois holandeses, puro sangue. É fato verídico: via internet, encontrei um vendedor de bois holandeses ao lado da cidade onde está situado o laticínio, em Barra de São Francisco. O impressionante é que esses vendedores de bois estão lá há anos, e muita gente viaja para longe, em busca de bois dessa raça, geralmente vão comprar no sul de Minas Gerais; sendo que é importante comprar os bois na mesma região para facilitar a adaptação.

A credibilidade foi o que me fez ir até o vendedor de bois. Antes de ir informei-me bastante. Quando resolvi comprar, já tinha dados concretos e sabia que eram vendedores idôneos. Ao chegar lá, o dono dos bois levou-me à fazenda e fechamos a venda. Dias depois, recebi um e-mail solicitando uma avaliação do vendedor. Devido ao bom atendimento, atribuí-lhe uma boa nota.

Para aqueles que pretendem entrar para o segmento de vendas, aconselho fazer pelo menos uma venda porta a porta, para adquirir mais experiência, pois o contato pessoal é fundamental para o nosso crescimento, certamente é uma boa experiência. Você aprende a ver de perto a necessidade do cliente. Tem oportunidade de ficar, muitas vezes, até amigo da família, pois em geral você entra na casa, toma um café, bate um papo e isso vai gerando relacionamentos.

Entrando para o mundo das vendas e profissionalizando-se você pode chegar a ter um patrimônio de mais de um milhão de reais e conquistar sua tranquilidade financeira. Faça o melhor que puder fazer, atenda da melhor forma, seja você mesmo. Na hora da venda, entenda que sendo bem atendido, o seu próprio cliente vai passar para frente a informação da sua técnica de vendas, do seu atendimento diferenciado.

Faça planos de expansão de captação de clientes demonstrando sempre amor no que faz, porque o cliente vai confiar sempre em você. Quando eu estava na minha distribuidora de jeans, usava a técnica do brinde que eu mesmo criei, e continuo usando essa técnica até hoje. Já perdi a noção da quantidade de brindes que já distribuí, sempre dou picolé, café, suco, refrigerante, balas, biscoitos e outros brindes para agradar aos clientes. É uma técnica de vendas que impressiona e marca muito o cliente. É importante que o vendedor tenha paixão por vendas, pois somente motivado, determinado e focado no trabalho é que se atinge o sucesso. Eu, por exemplo, vivo vendas vinte e quatro horas por dia.

Meu foco atualmente é o Consórcio RODOBENS, apesar de ter trabalhado com uma diversidade de produtos foi relevante definir o que pretendia vender e focar nele.

Todo jovem busca uma maneira de entrar para o mercado de trabalho e, realmente, não é fácil. A concorrência é muito grande em todos os setores. Temos de aprender desde novo a diferença da chamada boa ambição e a má ambição, para assim não perdermos nossos valores e não nos arriscar em coisas que possam futuramente colocar-nos em dificuldades. É aquele ditado: "Quando a esmola é demais o santo desconfia". Como se sabe, existem várias maneiras de realizar vendas, de dentro de casa mesmo você pode comprar e vender ações e dólares. Nesse segmento, é bom sentir o mercado e ir entrando aos poucos.

O ideal é procurar uma corretora idônea e familiarizar-se com o pessoal do mercado financeiro. Um amigo, com 19 anos, conseguiu de uma única vez ganhar 300 reais com uma boa venda de dólares. Esse amigo entendeu, bem cedo, a necessidade de buscar seu resultado financeiro. Com perseverança e habilidade, logo ele vai estar no mercado comprando e vendendo com naturalidade, porque dentro dele existe a vontade de ganhar seu dinheiro; o que chamo de boa ambição.

O comércio em si não é fácil. Às vezes, temos de respirar fundo e contar até dez para não explodir. Como havia falado, eu conheci algumas pessoas que fizeram fortuna dentro do ramo de vendas. Outro dia, almoçando em um restaurante pequeno numa cidade do interior do Espírito Santo, observei que a proprietária, uma senhora muito educada, tentava agradar a um cliente.

Logo que ele sentou-se à mesa que ficava na minha frente, percebi que ele era de outra cidade. Durante a refeição, ele pediu dois pedaços de frango frito, e a senhora, educadamente, após pesar alguns pedaços serviu-o. Ele de um modo muito grosseiro, disse que só queria dois pedaços de frango frito, mas a senhora sem que ele percebesse, estava tentando colocar uns pedaços a mais; diante da objeção, ela não questionou e fez o que o cliente havia pedido.

Essa história é importante no ramo de vendas, pois esta senhora usa uma técnica de vendas muito eficiente. Normalmente, em um restaurante self-service, você chega e serve a comida que está pronta; nesse, a proprietária pergunta se o cliente gostaria de um bife, um ovo estrelado ou frango frito. Faz tudo para agradar o cliente e também para vender mais. Como vendedor achei bem interessante, porque para ela que vende comida, com essa técnica vai aumentando as suas vendas e fidelizando clientes; têm aqueles que gostam de comer o bife passado na hora, e os que gostam de ser bem atendidos. Além dessa técnica, ela tem a habilidade de conversar de mesa em mesa com seus clientes, sempre com muita atenção e carinho.

O DESAFIO DE TRABALHAR COM ATIVIDADES NA ÁREA DE ALIMENTAÇÃO

A venda de alimentos exige muito mais a presença do comerciante no estabelecimento do que outras atividades. Aqueles que se dedicam mais acabam prosperando, porque é, realmente, uma atividade lucrativa. Os exemplos que pude observar e que obtiveram sucesso são de pessoas que se dedicaram integralmente no ramo, focaram mesmo naquilo em que acreditaram e seguiram em frente. Sinceramente, eu nunca imaginei que um dia fosse vender alimentos. Mas como gosto de desafios... mais uma vez resolvi empreender! Em janeiro de 2010, montei um pesque pague denominado “Pesque e Pague Rancho Esperança”. Nos meus planos, resolvi que deveria alugar para terceiros a parte de lanches a fim de dar mais assistência ao Pesque Pague. E assim fiz. Até junho de 2011 a lanchonete esteve alugada. A partir de julho eu assumi a lanchonete também. Este foi mais um desafio para mim, já que resolvi tocar o negócio. A primeira decisão que tomei foi a decisão de não vender fiado. A segunda decisão foi a parceria que fiz com uma grande distribuidora de bebidas, assim evitei comprar as mesas e os frízeres, os quais ainda tinham a assistência da Distribuidora.

Como essa lanchonete estava montada dentro do Pesque Pague, resolvi criar três pratos básicos tendo como base o nosso produto: o peixe. Determinei que todos os pratos deveriam ser feitos na hora. Assim fazíamos a diferença e mostrávamos o respeito pelos nossos clientes. Além do respeito também pelo meio ambiente, pois todo nosso óleo era reaproveitado, tornando-se o sabão que usávamos no próprio Pesque Pague. Depois de um certo tempo desativei o empreendimento e nesse local usei o espaço para a criação de ovinos.

CUIDADO COM PROPAGANDA ENGANOSA

É muito comum vermos em propagandas de supermercado os dizeres: "Aqui se tem o menor preço". É bom saber que o preço, na verdade, é baseado em um instituto de pesquisa do setor. Portanto, se você tem um supermercado ou outro empreendimento e, realmente, possui o melhor preço, faça a diferença na propaganda: "Baseado em um determinado instituto de pesquisa, o meu supermercado tem o menor preço". Assim você fará a diferença. Sairá da mesmice, e, provavelmente, começará a satisfazer aos seus futuros clientes.

Satisfação é uma palavra muito importante, porém alguns vendedores se esquecem. Certo dia, fui a uma concessionária olhar um carro e, como já tinha comprado nessa concessionária um veículo para uma de minhas irmãs, resolvi voltar lá. Fui ao encontro de uma caminhonete, estilo de veículo de que gosto muito. Procurei o mesmo vendedor, embora soubesse que ele era um pouco frio ao atender. Quando cheguei, fui bem recebido. Olhei o preço do carro e quase todas as informações necessárias para a compra. Ele então ficou de me ligar para passar outras informações. Não ligou, não teve interesse. Contudo eu liguei para ele e questionei o motivo da falta de interesse em me ligar. E logicamente ele tratou de inventar mil desculpas. Por isso tratei de não ir mais àquela concessionária. Em termos de vendas é importante sempre dar uma satisfação ao cliente, organizando tudo em uma agenda.

Em vendas, há um grupo seleto que está sentado na grana. Esse grupo ganha tão bem que são capazes de comprar quase tudo que desejam. Para fazer parte desse grupo seleto, você nunca deve usar palavras negativas. Tem de buscar a perfeição em vendas. Passar do horário normal dos que se dizem bons vendedores, fazendo uma verdadeira revolução na maneira de vender, para assim, tentar conquistar seu primeiro milhão.

É muito comum, até em um verdadeiro hotel cinco estrelas, encontrarmos garçons despreparados. Se você reparar, quase todos ficam dispersos e de cabeça baixa. Ser um bom garçom é prestar um serviço com qualidade e atenção. Isso se aprende além da sala de aula. Tanto em prestação de serviço como em vendas, você aprende mais pela vida afora do que nas salas de aula, tendo que praticar e aperfeiçoar intensivamente para chegar ao ponto de ter a qualidade total nos serviços.

A MAIOR AULA DE VENDAS NO ORIENTE MÉDIO

Falando-se em vendedores persistentes, em dezembro de 2010, resolvi junto a minha namorada que iríamos fazer uma viagem para o Oriente Médio. Quando ela me fez a proposta da viagem, fiquei um pouco assustado com a ideia de ir para Israel e Palestina, pois é notório o conflito entre judeus e palestinos. Como havia estudado a disciplina de Direito Internacional Público na minha graduação em Direito, eu já tinha uma boa noção para onde estava indo. A viagem foi cansativa, porque tivemos que fazer várias conexões, contudo a sensação de descer no aeroporto de Tel Aviv foi indescritível. Tivemos a oportunidade de conhecer vários aeroportos e países, porém esse me marcou mais. Para mim, foi o mais bonito que já vi pessoalmente.

Na praça de alimentação há uma fonte de água enorme. Logo me questionei sobre o fato de sair tanta água dessa fonte se estamos no deserto de Israel. Esse foi o meu primeiro choque. A praça possuía uma arquitetura deslumbrante e moderna onde encontramos vários quadros criados por pintores renomados. Telas enormes com mais de cinco metros. Rapidamente sentimos a diferença. Eu era revistado constantemente; pois, segundo alguns amigos, parecia um árabe. Isso assustava um pouco, porém a sensação de estar em Israel, em Tel Aviv era diferente.

Léa, minha namorada, experiente em viagens internacionais, mesmo assim sentiu a mesma coisa. Era um aeroporto imponente para nós que estamos acostumados com os aeroportos brasileiros. Como estamos falando de estratégias de vendas, pude observar algumas estratégias voltadas para o turismo. Em algumas viagens fui observando como cada lugar tenta realizar suas vendas e divulgar o turismo. Em Bariloche, o aeroporto é todo aberto. Talvez para gerar um impacto em quem esteja chegando, uma vez que ele está localizado no topo da Cordilheira dos Andes.

Aeroporto de Bariloche

Citei esses dois aeroportos porque para mim os dois tentaram impressionar os turistas; um vendendo uma imagem de muito frio em Bariloche e o outro em Israel, uma imagem de abundância de água no deserto.

Fonte de Água Artificial do Aeroporto de Tel Aviv

Voltando à viagem, chegamos a Israel de madrugada, entramos num micro-ônibus e fomos para o hotel. A rua parada e de novo eu com medo de algum ataque inesperado. No outro dia, começamos a visitar alguns lugares. E foi aí que começou a maior aula de vendas que já tive na minha vida. Em Israel, na Palestina e na Turquia aprendi muito andando nos bazares. Gostaria de lembrar aqui que toda persistência tem limite. Nunca é bom passar do limite em nada, por isso nesse momento você é obrigado a entender o que o cliente está pensando. Ou seja, precisa tentar entrar na mente do cliente. Somente assim vai saber se a conversa está no limite ou não. Normalmente, quando um vendedor insiste muito com a gente, dependendo do momento se fica até irritado. É muito normal isso acontecer com vendedores de consórcios de moto. Entretanto, igual ao que eu vi em Israel é difícil de se ver em outro lugar do mundo. O turismo em Israel acontece durante todo o ano.

Imponência do Aeroporto de Tel Aviv

Saímos de Tel Aviv e dormimos em Tiberíades. No outro dia fomos para Nazaré. Lá as ruas são apertadas com muitas lojas dentro de um bazar. Ali começava minha primeira aula de vendas. São impressionantes as técnicas de venda lá. Por exemplo, os vendedores de lenço já vão chegando e envolvendo com um lenço as mulheres e encantando-as, para com isso induzir o turista a comprar. Há bazares enormes, com tantas coisas, tantas lojas que nos sentimos perdidos. Em geral, os bazares por lá são passados de pais para filhos.

Uma das ruas principais do Grande Bazar em Istambul Fonte/Wikipédia.

Sobre o Grande Bazar também chamado Bazar Coberto ou Mercado Coberto (do turco Kapalıçarşı), é provavelmente o maior e dos mais antigos mercados cobertos do mundo, situado no bairro histórico de Eminönü, distrito de Fatih, da cidade de Istambul,Turquia.

Aberto em 1461, é muito conhecido principalmente pela joalharia, cerâmica, especiarias e tapetes. Tem mais de 60 ruas cobertas e centenas ou milhares de lojas (1200 segundo uns, mais de 4000 segundo outros), é frequentado por 250 000 a 400 000 pessoas diariamente. Calcula-se que cerca de 20 000 aí trabalhem. A maior parte das lojas está agrupada por tipos de mercadorias, havendo áreas especiais para produtos de pele, joalharia de ouro, etc. Fonte/Wikipédia

É importante destacar que todos trabalham juntos. Nostradamus já dizia que em breve ficaríamos sem água, sem petróleo, sem comida. Porém em Israel eu pude ver nos vales férteis uma agricultura de alta tecnologia significando que eles, apesar de terem pouca água, fazem a coisa de forma correta, pois usam a irrigação por gotejamento. Quero também destacar que eles são grandes vendedores de produtos agrícolas. Buscaram praticar uma agricultura de ponta, mesmo sabendo que, praticamente, não tinham água. Eles se tornaram um modelo para o mundo, devido ao grande conhecimento que adquiriram em irrigação por gotejamento.

Em Israel existem também os melhores lapidadores de diamantes do mundo. Os donos de joalheria fazem fortuna comprando a pedra bruta da África. Investem pesado em joalherias e vendem para o mundo os seus diamantes. Apesar de muitos conflitos religiosos, o país é muito bonito e moderno. Como a agricultura é somente nos vales e as terras são poucas, eles são obrigados a buscar ganhar um dinheiro no comércio e com isso tornam-se vendedores. É então que surgem, como falei, os vendedores persistentes.

Um dos portões exteriores do Grande Bazar. Fonte/Wikipédia.

É um esquema de venda tão bem feito que você sempre acaba comprando alguma coisa. Como não há indústrias, eles só têm a venda como forma de vida. Nessa viagem, algo que também me marcou muito foi a história dos beduínos, aqueles que vivem nos desertos, em tendas e pastoreando ovelhas. A cultura é uma coisa tão forte que mesmo o governo de Israel oferecendo a eles moradia em prédios com água e luz, tudo certo para amenizar o sofrimento deles em viver no deserto, os beduínos não aceitam e continuam vivendo no deserto.

Outro bazar interessante foi o do Oásis de Jericó, lá você pode sentir e ver de perto a onipotência de Deus. Fazer jorrar água do deserto é uma cena muito forte e nada superficial, como na fonte do aeroporto de Tel Aviv. É um comércio tão intenso que, mais uma vez, aprendemos a vender com eles. A cada entrada em qualquer bazar era um ensinamento novo. Basta observar que você vai percebendo as diversas técnicas de venda. Uns com prateleiras totalmente expostas, outros prospectando vendas o tempo todo.

Tudo tinha a ver com vendas. Não deixavam passar nada sem que o comércio estivesse envolvido. São vendedores persistentes e com muita habilidade. A sensação de entrar na Palestina é muito triste, porque há um muro de nove metros de altura separando a Palestina de Israel; de um lado, os pobres da Palestina, do outro os ricos de Israel. A semelhança é: todos são vendedores natos. Apesar de toda limitação com que se vive na palestina, a cidade de Belém é muito visitada. A cada visita a uma igreja, um esquema de vendas com produtos religiosos é utilizado.

APRENDENDO VENDAS NA TURQUIA

Quando chegamos à Turquia, fomos convidados a visitar uma loja de tapetes. Esse fato foi marcante, pois, na verdade, era um prédio com três andares todos lotados de tapetes. Um mundo de variedades, cores, texturas e estampas. Pude observar a organização quando estavam chegando as caravanas; por exemplo, ao chegar uma caravana da China, logo eles colocaram no primeiro andar; outra, americana, foi para o segundo andar, e nós, brasileiros, para o terceiro andar. A forma de se organizarem e de vender é diferente. Abriam tapetes de todos os tons e texturas a nossa frente. Eram centenas de tapetes e muitos vendedores. Cada um desenrolava um tapete, e parecia que não ia parar nunca de chegar tapetes. Marcante foi o discurso do vendedor chefe da equipe. Falamos tanto de equipe que ali o líder dominava a oratória para expor as qualidades e a beleza de cada tapete. Aprendi que um grande tapete para ser tecido, leva quase um ano. É uma verdadeira obra de arte.

Na apresentação, o vendedor demonstrava tanto respeito pelos produtos que, para quem olhava, tinha a sensação de ver uma apresentação de uma grande obra de arte. Outra técnica é manter o mesmo tratamento independente da classe social do freguês. Mesmo percebendo que a pessoa era um pouco mais humilde que outra, eles não desistiam da venda. Começavam com tapetes de 15 mil dólares ou mais, e iam trazendo tapetes mais baratos independentemente da posição social do cliente.

Apresentação de tapetes na Turquia.

Para os turcos, dentro das técnicas de venda isso não importa, eles não vão pela aparência, buscam mesmo é um tratamento igualitário. Infelizmente ainda encontramos, em qualquer lugar do mundo, vendedores que estão acostumados a ir pela aparência. As únicas pessoas que compraram os tapetes foram as duas senhoras que, aparentemente, eram as mais simples. Naquele momento, diante de tapetes que possuíam preços tão altos, e ainda numa viagem turística pela Turquia, todos imaginavam que as pessoas mais sofisticadas e aparentemente ricas é que fossem comprar; errando então na interpretação da venda.

A apresentação do vendedor que fazia a exposição dos tapetes era tão centrada e demonstrava tanto conhecimento que se deixássemos ele ficaria muito mais tempo falando das qualidades do produto de forma detalhada. Isso foi o fato mais marcante na aula de vendas que tive no Oriente médio. Para nós que somos vendedores é uma demonstração de que aquele cliente que muitas vezes entra na sua loja, de uma forma tão simples, pode ser o cliente que vai gerar a maior renda para a sua empresa.

VENDAS NÃO TÊM IDADE

Vendas é uma profissão tão importante que após os 50 anos, quando normalmente em muitas profissões a pessoa começa a ser menos remunerada; em vendas, acontece o contrário. Com certeza a experiência conta, porque quanto mais experiente o vendedor, maior será a sua lista de contatos. Vender é viver uma batalha diariamente, usando do talento que Deus lhe deu.

Em vendas não existe a palavra sorte, existe batalha. Você pode ter "sorte", mas se não investir em técnicas de vendas, dificilmente a "sorte" vai fazer o seu cliente voltar e comprar de novo. Por isso, se não tem registrado os contatos na agenda, se perdeu os seus contatos ou se ainda não começou a agendar, inicie logo uma boa rede de contatos e verá que seu orçamento vai melhorar a cada dia mais, à medida que for aumentando os seus contatos.

Galeria de lojas em Istambul

Procurar estar bem informado é uma maneira de conseguir interagir com clientes em diversos assuntos. Informação nunca é demais. Um vendedor tem que interagir com o assunto do seu cliente e transmitir confiança. Não pode ser falso, nem usar da chamada "piadinha". Procurar em tudo o que passa para o cliente, agir com ética e profissionalismo, pensando que aquele potente cliente pode trazer muitos outros clientes para o seu negócio.

Quando iniciei a venda do jeans, foi muito complicado, pois eu não entendia nada de jeans, então, comecei a ler, procurar sobre o assunto na Internet e a frequentar polos de confecção em vários lugares. Estava certo de que aquele produto era o que realmente queria para mim, naquela época; por isso, com o tempo as coisas foram acontecendo.

Utensílios fabricados manualmente expostos para venda.

MONTANDO UM LABORATÓRIO DE VENDAS NA ZONA RURAL

Naquela época, dificilmente você iria encontrar um modelo de vendas tão inusitado quanto o nosso, na região. Montamos uma verdadeira loja de jeans dentro da zona rural. Tudo foi feito aos poucos com equilíbrio e ética profissional. Nesse momento eu já era um comerciante mais experiente e menos impulsivo, queria fazer um laboratório de vendas, para ver se poderíamos ter sucesso vendendo vários produtos na zona rural. O marketing criado por mim foi vendermos calças masculinas para serviço, com um preço mais em conta, isto é, mais barata e com garantia total do produto, caso tivesse algum defeito era só trazer e trocar.

Com um certo tempo, tornamo-nos líderes de venda de calças masculinas para serviço, na região. Nomeei a loja do laboratório de Lena Jeans, em homenagem a minha mãe falecida em 1995. A loja ficava situada na zona rural, dentro do pesque pague. Na época, atingimos clientes de três estados devido a nossa propriedade estar situada no Espírito Santo, porém na divisa com Minas Gerais e Bahia.

Antes de montar a loja na zona rural, a ideia era ver se seria possível vender de tudo na zona rural, e foi a partir daí que criamos a Lena Jeans. A meta, naquele momento, era abrir lojas nas cidades próximas. Inicialmente conseguimos abrir no distrito de Cristal do Norte e logo após em Montanha/ES as quais mantivemos até iniciar no Consórcio RODOBENS, em 2013. Como o depósito que tinha no Pesque e Pague também virou loja e com boa vendagem, decidimos parar por aí. Para aqueles que pretendem entrar para o comércio é bom entender que é muito difícil entrar numa cidade ou região que não se conhece, porém não é impossível.

Como já havia comentado, montamos um Pesque--Pague denominado Rancho Esperança, com foco na venda de Tilápias e Turismo Rural. Daí nasceu a lanchonete. Fomos a primeira propriedade no extremo norte do estado do Espírito Santo a trabalhar com o Agroturismo. Se você perguntar o que o Agroturismo tem a ver com Vendas, eu lhe respondo: tudo. Passávamos o dia vendendo nossos produtos. Tínhamos como meta vender o máximo da Tilápia eviscerada, assim construiríamos uma história e um modelo de Vendas com perseverança. Na lojinha de jeans, nossa meta também era vender o máximo de calça masculina para serviço, em um mesmo espaço somaríamos valores em vendas.

É importante saber que para liderar em qualquer atividade tem que se ter credibilidade.

Posso afirmar que no início a ideia do Laboratório de Vendas parecia um sonho impossível, muitos duvidaram do nosso trabalho, porém Deus nos abençoou. O motivo da dúvida das pessoas foi a distância de 24 km da cidade mais próxima. Se fomos capazes de usar uma estratégia de vendas para fazer uma pessoa sair da cidade e vir até a zona rural comprar jeans, foi com coragem e determinação que resolvemos fazer o Pesque-Pague para vender mais produtos ainda. Por isso criei coragem para escrever esse livro, mostrando que inúmeros obstáculos vão surgir na sua vida, mas se você estiver determinado, as dificuldades desaparecerão.

CAUTELA ANTES DE EMPREENDER

Por ser um empreendedor impulsivo já perdi muito dinheiro. Acredito que juntando tudo fica em mais de um milhão de reais, todavia com o tempo vamos mudando e adquirindo maturidade nos negócios. Devemos ter cautela e muitas vezes é necessário tomar posições defensivas nas nossas estratégias. Em vendas, em nenhuma hipótese se pode ser pessimista. Um bom vendedor tem a obrigação de transformar seu produto em negócio, com habilidade e luta, para mostrar ao cliente que esse produto é um bom produto. É normal você entrar numa loja e encontrar vendedores sem entusiasmo. Às vezes não dão nem mesmo um bom dia. Outra atitude errada é não ter um bom visual. Um dia entrei em uma loja e havia um vendedor com as unhas enormes; isso demonstra descuido. O vendedor precisa se adequar ao ambiente de vendas. Outros vendedores ficam andando atrás dos clientes. É bom deixar o cliente à vontade.

Já falamos sobre talento, disposição, pensamento positivo e negativo, vocação para aprender, estudo das técnicas de vendas, aperfeiçoamento e como ter princípios. Vamos em frente!

SUPERANDO DESAFIOS

O vendedor tem necessidade de criar o hábito de superar desafios. Por exemplo, muitas vezes em vendas temos clientes mais nervosos, mais sistemáticos, mais complicados, e assim por diante. Devemos ter em mente que estamos ali para oferecer o melhor serviço em vendas. Qualquer que seja a atividade sempre surge um desafio. Ao mesmo tempo em que enfrentamos os desafios vão surgindo novas oportunidades, porque quando enfrentamos os problemas eles normalmente vão desaparecendo. Faça chuva ou faça sol, temos que estar sempre prontos no ponto de vendas, tentando dar o melhor de nós. Nunca deixe de acompanhar os preços dos produtos que se vende, é preciso estar antenado o tempo todo. Quanto mais você puder evitar procurar o gerente e incomodá-lo com questões, muitas vezes até fáceis, será melhor para sua carreira. Um vendedor top tem que ser um estrategista e ter inteligência de mercado.

Para ser um campeão de vendas tem que, se possível e dentro da normalidade, estender um tapete vermelho para cada cliente. Quanto mais clientes, mais sua conta vai ficando rentável, bom para sua empresa e melhor para você.

Esse livro busca passar ensinamentos de vendas para todas as gerações. Mas é claro que o vendedor da nova geração, já ambientado com a nova tecnologia tem mais chances de aproveitamento. Quem sabe futuramente estará escrevendo o seu próprio livro de vendas? Não é utopia, se você tiver coragem.

Em vendas a idade não conta, o que vale é saber vender, porém, sendo mais novo possui mais chances de recomeçar e seguir adiante. Para isso é preciso que se esteja muito bem informado, portanto acompanhe sempre palestras sobre vendas. Quase todos que são estrelas em palestras de vendas eram vendedores como nós. Estão do outro lado, porque passaram o que nós vendedores, e no meu caso também empreendedor, passamos. Temos muitas histórias para contar.

Lembre-se de que uma de suas melhores ferramentas de trabalho em vendas é a capacidade que se tem de persuasão. Tudo depende somente de você agir com boas práticas e, como sempre falei, com respeito ao cliente. O seu alicerce é feito aos poucos e com o tempo. Muitos vendedores não têm o hábito de ter uma agenda ao seu lado, não tem o hábito de anotar telefones de contato, e-mails. Vivemos em um país que cresce a cada dia no cenário internacional e você, vendedor, não pode perder as oportunidades.

PARA VENDER NÃO É PRECISO FALAR DEMAIS

Muitas vezes encontramos vendedores que acabam falando demais, forçando a barra. É muito importante saber a hora de parar e aguardar a vontade do cliente. Eu passo o dia todo vendendo meus serviços e, às vezes, a vontade de vender é tão grande que acabo agindo dessa forma, forçando a barra. Quando vamos perceber que passamos do limite, já é tarde. O importante é não permanecer no erro. Essa é uma atitude muito normal que precisa ser bem refletida entre os vendedores para não perder os seus clientes.

Falando da minha própria experiência, mesmo sabendo que existem inúmeras formas de propaganda, a melhor delas para um vendedor é a comunicação boca a boca entre os consumidores, porque é rápido, eficaz e interessante. Através do seu comportamento e técnicas de vendas você pode conseguir com que seu cliente fale bem do seu modo de vender. Ele mesmo passará para outros clientes que gostou de comprar com você. É importante tratar bem o consumidor para ser reconhecido e fidelizar o cliente. No ramo das vendas, a comunicação é um dos pontos mais importantes: comunicar com clareza e objetividade.

Estou sempre falando alguma coisa sobre Equipe ou dando alguma dica. Se puder implementar soluções para sua empresa buscar facilidades visando o crescimento da empresa, não tenha medo de chegar até o gerente e diretores e comunicar as suas ideias. Essa boa ideia pode fazer você crescer na empresa. Com isso o seu superior vai estar convicto de que realmente você está lado a lado com a empresa, preocupado com o seu crescimento. Então não tenha medo de passar as suas ideias para frente, mesmo que não agrade. Só de demonstrar que está lado a lado com a empresa, você se destaca.

Como alguns vendedores conseguem tanto dinheiro e tantos clientes em tão pouco tempo? Às vezes é inacreditável. Há vendedores que com o máximo de 40 anos de idade, já estão milionários. Não é normal, mas acontece! Eu conheço alguns de perto e sei a fundo a história deles. Comumente são criticados pela sociedade, dizendo que conseguiram de forma ilícita, porém, na verdade, é fruto de muito trabalho, habilidade, perseverança e também sorte de estar com o produto certo no lugar certo e na hora certa. Alguns começaram muito cedo, até dizem que desde a infância, mas só alcançaram o sucesso depois dos 30 anos. Quem está de fora não imagina nem conta que esse cara não teve infância, adolescência e se dedicou ao trabalho intensivamente, por isso venceu. Costumam dizer que ficou rico muito rápido, mas a história é diferente. Ele ficou rico, porque trabalhou muito durante anos. Essa é a diferença de quem atinge o sucesso, daquele que olha o outro atingindo o sucesso. O que alcança é porque lutou, buscou, cavou fundo, correu riscos, não desistiu, envelheceu e esforçou-se para chegar lá. Enquanto o outro que olha o sucesso, ficou inerte, apenas observando o crescimento alheio ou as derrotas alheias. Esses acomodados só conseguem criticar e não enxergam que, normalmente, aquele que atinge o sucesso e se mantém nele é porque realmente tem seu mérito, competência, tem força de trabalho nas veias, tornando-se um vencedor.

Deve-se ter o cuidado com uma abordagem diferente aos seus clientes idosos. É bom dedicar uma atenção especial e ter mais tempo para eles. Explicar com mais clareza e manter o controle da situação até passar tudo que deve ser passado corretamente. Muitas vezes esse senhor idoso vai surpreendê-lo com uma compra considerável, diferente de alguns anos atrás. O idoso hoje está mais ativo, com mais disposição para a vida e com mais poder de compra, ao ponto de muitas vezes, sozinhos, entrarem em uma concessionária de carros e querer fazer a sua própria compra. Mesmo no corre e corre da vida, eles estão vivendo mais e não desperdiçando as chances de fazer suas próprias compras.

Ser um bom vendedor é como ser um bom médico, um bom advogado ou um bom engenheiro. Em relação a salários, são equiparados ou superiores às profissões consideradas normais. Entretanto o vendedor tem que valorizar seu trabalho e sua profissão. Ele é um membro tão importante na sociedade que ajuda a movimentar a economia do país com seu talento em vendas. São pessoas que não têm horário de trabalho e estão ali ganhando comissão. Se o dono da empresa for vendedor, ele fica até mais tarde tentando mais vendas, pois a meta é vender cada vez mais.

Às vezes recebemos uma proposta de trabalho em uma empresa que afirma que seus produtos têm qualidade. Porém, com o tempo, você vai percebendo que a forma dessa empresa trabalhar é diferente. Você não se sente num ambiente de verdade. E as coisas começam a aparecer de tal forma que são capazes de gerar de imediato uma insatisfação no seu cliente. Se você for um vendedor que só pensa cada vez mais em dinheiro e não no bem estar do cliente, vai andar de carro velho, mal humorado, não vai dar conforto para a família, porque não consegue fazer uma boa pós-venda. Não abrir mão da verdade é fundamental para ter sucesso em vendas. É vital acreditar no que se vende. Por isso que, no Brasil e no mundo, estamos passando por uma crise de apagão de talentos, de bons vendedores.

Vamos dizer que até hoje você ainda esteja no caminho errado. Lendo este livro você perceberá que nunca é tarde para mudar. Um amigo meu, vendedor de consórcio, sempre me dizia que quando estivesse vendendo o importante seria levar o dinheiro todo do cliente, não importando se fosse ou não pobre. Tem de fazer o cliente se endividar. Tem que forçar a venda, forçar a barra. Isso não é correto! Essa, certamente, é a maneira errada de vender, pois devemos olhar os dois lados. A venda precisa ser boa para os dois: para o cliente e o vendedor. Se estiver no caminho errado, faça uma mudança radical na sua maneira de vender. O mundo está mudando muito. Temos de acompanhar a evolução. Enquanto maus vendedores vão se perdendo no caminho, os bons estão obtendo sucesso cada vez mais. E muitos acabam se tornando empresários de sucesso, porque não se limitam a ser empregados e partem para abrir o próprio negócio.

PARA VOCÊ QUE PRETENDE INICIAR EM VENDAS

Uma boa ideia para iniciar em vendas é procurar um emprego temporário. Muitas lojas, no final de ano, precisam de vendedores temporários, devido a uma grande demanda de vendas. Eles são necessários na época do natal, final de ano. Essa é a hora certa para o jovem entrar no mercado, porém poucos são contratados após a temporada. É preciso mostrar muito esforço e disciplina, pois há realmente grandes possibilidades de deixar de ser apenas um vendedor temporário.

Hoje, o perfil do profissional procurado pelos empresários é de uma pessoa dinâmica, comunicativa, criativa e capacitada. Cuidado! Uma dica é não mentir no currículo. Seja simples e verdadeiro! É muito difícil encontrar um profissional qualificado, por isso é preciso estar preparado. Como disse, com um emprego temporário você pode tornar-se um empregado efetivo no futuro.

ATUAÇÃO COMO CONSULTOR EMPRESARIAL E EMPRESÁRIO NO RAMO DE CONSÓRCIO

A nossa especialidade é a Consultoria em Vendas, entre outros serviços. A consultoria surgiu pelo fato de ter vivido vendas em diversos segmentos. Por isso resolvi passar o meu aprendizado para todos que precisam se aperfeiçoar em vendas. Também criei um modelo de vendas considerado inusitado, o qual despertou o interesse de diversas pessoas. Ele consiste em aprender a vender com limitações de logística. Com vinte anos de experiência, senti a necessidade de passar tudo o que aprendi. Além de trabalhar diariamente na área de vendas na minha empresa GSBENS CONSÓRCIO, também atuo na GSB Consultoria Empresarial, empresa fundada por mim, a fim de prestar consultoria visando a melhoria do atendimento, desde a recepção até o mais simples funcionário.

Quando falamos de uma empresa multinacional tudo muda. Muitas pessoas, no segmento de vendas, falam o nome multinacional direto e reto, mas não sabem o significado dessa palavra. Multinacional é uma empresa que tem a sua matriz num país e faz atuação em outros lugares do mundo. Normalmente são grandes empresas que colocam as filiais em outros países, buscando outro mercado consumidor. São exigências das multinacionais: disciplina, comportamento global, visão sistêmica, iniciativa e foco. Apesar de algumas multinacionais serem empresas brasileiras, elas atuam em outros países. Por isso, aqueles que tiverem mais domínio em línguas estrangeiras vão sair na frente.

É muito normal, pessoas procurarem o mundo das vendas, quando já não obtiveram sucesso em outras profissões. Então, encostam-se nas vendas, achando que é fácil vender e adquirir uma remuneração satisfatória. Porém, na verdade, vendas exige disciplina e paixão pelo que se faz. Vender é uma arte e depende de técnicas. Uma das minhas técnicas que uso com frequência é ouvir bem o cliente, entender as suas necessidades. Quando o cliente entra no meu escritório de Consórcio deixo à vontade e, de acordo com o que converso e observo, vou tentando fechar a venda.

Para alcançar o triunfo você não pode ser um vendedor acomodado, é preciso acompanhar as tendências de mercado, aproveitar as oportunidades e passar as informações de mercado para os seus clientes. Entender o significado do imposto IPI (Imposto sobre Produtos Industrializados) e não deixar de, quando ocorrer a redução, passar para os clientes essa informação tão importante. Por isso é muito relevante estar sempre bem informado.

DICAS DE EMPREENDEDORISMO PARA PEQUENOS COMERCIANTES

Vendedores de periferia podem ganhar dinheiro no seu próprio bairro. Para isso, basta ter boas ideias, porque não é somente nas regiões mais ricas que as oportunidades acontecem. Com uma boa opção na periferia, os clientes não vão precisar sair mais dos bairros para fazer as suas compras. Vou deixar mais uma dica: não tenha vergonha de começar com uma lojinha dentro de sua casa. Ao longo do tempo, quando o negócio for se expandindo e você se sentir firme com as vendas, poderá escolher um ponto comercial.

Aqui vão algumas sugestões de negócios: Carrinho de cachorro quente, Bazar, Carrinho de água de coco, Venda de marmitas, Lan house e outros. Ser empreendedor é isso. Enquanto alguns falam que seu plano inicial é um ato de loucura, o empreendedor enxerga oportunidades. Você deve estar consciente de que sempre vai existir um risco e para diminuí-lo é importante entender sobre aquilo que vai montar. Não tenha medo de sonhar, desde que sonhe com os pés no chão. Evite exageros e imponha limite nos gastos com reformas e manutenção da loja.

Muitas vezes, uma decisão do Banco Central pode vir a aumentar ou diminuir as vendas do comércio. Pois o governo, querendo ter uma arma na mão para incentivar o consumo, pode adotar medidas para facilitar a concessão de crédito. Atualmente é possível financiar carros e motos sem entrada e com juros reduzidos. Podem-se comprar eletrodomésticos com prazos mais longos. Quando isso acontece, os comerciantes e vendedores comemoram, porque sentem o aquecimento da economia.

Infelizmente, há algumas empresas que não preparam os seus funcionários. Um exemplo de um mau atendimento foi quando outro dia, ao chegar em uma determinada empresa, dei um Bom Dia a uma secretária e a sua resposta, em vez de me cumprimentar, foi: "O que você quer falar com fulano?". Eu perguntei se era necessário passar o teor da conversa para ela primeiro. Ela disse que era preciso, pois a pessoa com quem eu queria conversar não estava. Naquele momento, eu estava com um trabalho gráfico para fazer com essa empresa, mas na mesma hora saí e fui procurar outra; tudo por causa do mau atendimento dessa secretária. Quando trabalhamos com prestação de serviço, temos de estar atentos ao comportamento de nossos funcionários que hoje são chamados de colaboradores.

Não é bom colocar à frente do atendimento ou na recepção funcionários temperamentais ou explosivos. Há uma frase que diz assim: "O homem destrói o que Deus criou". Fazendo uma comparação, um mau funcionário na frente da empresa destrói o que um empresário demorou anos para construir. Uma atitude errada manda o seu cliente para a concorrência. Hoje a competitividade é muito grande. Considero uma empresa inteligente aquela que investe em seus funcionários, com cursos de vendas e outros. Cursos em que eles aprendam a ouvir os comentários e com isso absorvam novas ideias e pensem na melhoria da empresa. Para isso é necessário que o funcionário aprenda a interagir com o cliente.

Quando se estar para fechar uma venda é a hora em que a adrenalina sobe. Nesse momento, é importante manter o equilíbrio e pensar que a pré-venda e a venda foram bem feitas. Fechando a venda vai chegar ao ponto desejado. Eu que já fui vendedor de jeans, tive a oportunidade de sentir a adrenalina subir várias vezes. Porém uma coisa é vender uma calça, isto é, uma só peça em uma venda no varejo, e outra é vender cem ou mais calças, na venda por atacado. Para quem vende no atacado sabe do que estou falando. É uma sensação muito boa, sua adrenalina sobe, porque a comissão é maior e seus lucros são maiores.

Quando montei a distribuidora Lena Jeans, eu já havia passado por várias situações. A diferença foi que nessa época eu já estava disciplinado, com a autoestima elevada e, como todo empreendedor, acreditando em um sonho: vender jeans popular. Para isso tive que admitir fracassos na minha própria trajetória profissional, reconhecendo as derrotas.

Muitos empresários começaram na infância o aprendizado do comércio. Se formos analisar uma pessoa que começa aos 12 anos, quando chega aos 32 anos, trabalhando corretamente já poderá ser um grande empresário. Enquanto alguns jovens só pensam na chegada das férias para descansar, mas outros, aproveitam o seu tempo e agarram os cursos rápidos oferecidos pelos órgãos públicos para aprender uma profissão.

O jovem que pretende entrar no mercado deve cultivar boas ideias, tentar colocá-las em prática no futuro trabalho. Deve ser criativo, comunicativo, procurar trabalhar com carinho, ter planejamento, possuir boas estratégias de vendas diante das adversidades, ter como objetivo agregar valores às vendas e à marca que defende, dando como prioridade o bom atendimento ao cliente, buscando sempre os resultados positivos em vendas para manter a loja com portas abertas. É preciso que o cliente esteja sempre em primeiro lugar.

O dom vem de Deus. Você pode ler todos os livros de vendas do mundo, fazer todos os cursos de vendas, estudar a fundo, entretanto, se não tiver o dom de Deus, nada vai adiantar. É preciso amar e ter o dom de vender; mesmo sendo carismático, se não possuir o dom, não vai adiantar. Alguns possuem o dom de falar bem em público, outros o dom da comunicação, outros de tocar piano e outros o do convencimento; enfim, cada um nasce para uma coisa.

Se nada der certo, não perca a esperança. Mantenha-se firme, pois quando estamos em um extremo, tanto faz isso ou aquilo. Pensar com calma é fundamental. Busque ajuda e tente não ficar sozinho. Na vida, às vezes, não temos amigos ou alguém em quem podemos confiar. Nesses momentos, é bom acreditar na força onipotente de Deus, porque para tudo há uma saída. Basta ter fé e se manter firme diante dos obstáculos. Infelizmente, encontramos pela vida a fora os advogados do diabo. Como vendedor, é preciso ter o plano "A" de venda e, não dando certo, coloque um plano "B" em prática. É assim que devemos proceder diante das dificuldades. Se preciso for, coloque um plano "C" em prática. O importante é nunca desistir dos seus sonhos.

O que se pode esperar de um senhor que vive de vendas e sente-se cansado, com o comércio fraco, aluguel caro e muitos encargos. Quando você entra na loja, ele sempre está desanimado, queixando-se de tudo. Na verdade, esse senhor deveria estar relaxando, pescando. Ele está tentando manter a sua loja aberta, porém com vendedoras despreparadas. Acredita-se que este comerciante não fechou ainda as suas portas, devido ao produto que ele vende ser muito procurado. Algumas empresas, mesmo com mal atendimento, conseguem se manter abertas devido a uma grande procura pelos seus produtos. A idade, certamente, não é empecilho para vendas; mas quando o vendedor sente o seu patrão desmotivado, a tendência é só piorar. Por isso, em vendas é preciso ter motivação e sempre deixar os problemas em casa. A respeito do problema chamado desmotivação, normalmente, quando você entra em uma loja que todos estão com baixa autoestima, não se recebe ao menos um "bem-vindo" ou "boa tarde". Você entra e os vendedores ficam calados. É claro que uma consultoria em vendas iria ajudar essa loja, porém, para muitos empresários, investir em treinamentos de venda com os seus vendedores é um desperdício de dinheiro.

Você pode tirar tudo de um grande vendedor, até a sua roupa, que ele volta e constrói tudo de novo, porque tem uma visão a mais do que os chamados vendedores normais. Um grande vendedor disse um dia para sua esposa que se ela tirasse tudo dele, ele começaria do zero. Observamos nessa fala do vendedor que se pode perder os bens materiais, mas o conhecimento ninguém pode tomar de você. A vontade de crescer e a organização é para poucos.

LONGE DE CASA

Muitos nesse momento estão longe de casa, na venda externa. Muitas vezes, para a captação de clientes é necessário viajar e ficar dias fora de casa. O Brasil é muito grande. Temos ainda lugares em que o celular não funciona. Porém dentro do vendedor existe um sonho que o motiva. Quando ele realiza esse sonho, volta para casa com a missão cumprida do trabalho realizado. Somente quem faz esse tipo de venda sabe como é complicado enfrentar o trânsito na BR. Entretanto, movido pelo amor à família e pela necessidade de ganhar o sustento, ele vai à luta e consegue. Essa é uma das características dos grandes vendedores: a persistência.

Tenha orgulho da sua própria história. Posso afirmar que, sendo vendedor, você está criando a sua própria história. Não tenha inveja do sucesso do próximo. Busque a sua paz interior e confie no seu talento.

Usando a força da mente para vender mais, em outubro de 2011, realizei uma palestra para algumas empresas em Montanha-ES, sobre vendas. Havia uma senhora, com sua filha, que vendiam cosméticos para uma grande empresa, elas também estavam participando da palestra. Quando falei, na minha oratória, que vivia Vendas 24 horas, e que em todo momento você deve tentar vender algo, a senhora ficou olhando, bem atenta. Depois entendi, quando no final da palestra ela me disse que não levava as revistas de mostruário para muitos lugares. E afirmou que a partir daquele dia não perderia mais oportunidades. Sempre se deve usar a força da mente e dizer para si mesmo: "Eu preciso vender o máximo possível".

Não se pode esquecer que a paz mental é de suma importância. Se o vendedor está em paz interiormente, ele será capaz de enfrentar os problemas do dia a dia e superar os obstáculos. Quem vive de vendas sabe que o momento da pré-venda é muito importante. Você está diretamente ligado ao cliente, é um momento de união, em que um pretende comprar e o outro pretende vender. Nessa fase da pré-venda, o vendedor vai analisando a decisão do cliente. Aconteça o que acontecer, se o vendedor estiver tranquilo, sentindo-se em paz, ele vai conquistar o seu cliente.

O interessante em Vendas é que todo dia tem fato novo. Certo dia, fiz a troca de uma ducha que havia comprado em uma loja de material de construção, na qual tenho costume de comprar, porém quem fez a troca não informou ao financeiro que eu havia feito o pagamento. E isso gerou uma nota no caixa e um grande constrangimento para mim. O fato aconteceu da seguinte maneira: passados alguns dias da troca, voltei a essa mesma loja, assim que entrei e acabei de me sentar, a vendedora veio me mostrando uma nota e cobrando na frente de todos os clientes. O lugar não era apropriado para se fazer uma cobrança. Ela deveria ter falado comigo no escritório do financeiro e não na parte aberta da loja. Deveria também ter feito cobrança da suposta dívida quando eu estivesse indo embora e não no momento em que cheguei. Quando fui abordado, imediatamente, provei que havia feito o pagamento do produto, e ela ficou tão sem graça que me pediu desculpas várias vezes.

O vendedor não pode ter duas faces com seu cliente. Seu cliente não tem nada a ver com seus problemas. Se não está bem, afaste-se e não vá vender. Quando você age com duas faces, o cliente percebe e há grande possibilidade de se perder esse cliente. O prejuízo reflete no caixa da empresa e a concorrência só tem a agradecer. Lembre-se de que o cliente é o maior patrimônio do vendedor. Como a água é o bem mais importante do mundo e sem ela não vivemos, sem o cliente, uma empresa também não sobrevive.

A Fiat possui mais de 500 concessionárias espalhadas pelo Brasil. Um dos seus grandes desafios é ter bons vendedores, preparados e capacitados. Ela tem carros populares com preços acessíveis. Entretanto, sem bons vendedores, não seria uma campeã em vendas. Por isso as grandes empresas apoiam seus vendedores. Conseguem entender que ele é a ferramenta principal para colocar o dinheiro no caixa da empresa. O vendedor precisa ter bom caráter, amigos, atitude, e não desanimar nunca. Um sorriso abre portas. Evite falar mal da concorrência ou fazer qualquer tipo de comentário.

Vender carros é um trabalho bem minucioso. Além da parte externa, você deve conhecer por dentro do veículo, cada detalhe. Certa feita, a atitude de um vendedor me surpreendeu. Após a venda, ele entregou o carro pessoalmente para a cliente e ainda levou um buquê de flores. A consequência desse ato foi a venda de outros veículos para a mesma pessoa.

Em vendas é muito importante pedir indicação. Dentro das técnicas de vendas, é chamado de ato de prospecção. É relevante saber bem em quem prospectar. No dia a dia, você acaba conhecendo a fundo o comportamento de cada cliente e sabe quem vai fazer as indicações. Não perca tempo com a ideia de prospectar com aquele cliente calado que não se relaciona muito que é reservado. Uma boa conversa com calma é um pedido certo de indicação. Quem vai indicar, falará que você é verdadeiro, que age com ética, transparência, atenção e que, além disso, é um bom vendedor.

Fui a Belo Horizonte em janeiro de 2012 e tive a oportunidade de ver um modelo de vendas inusitado. Em frente ao hotel em que eu estava hospedado havia um senhor, um vendedor ambulante, que vendia panos de prato e flanelinha na esquina de uma rua movimentada. O fato é que ele vendia os seus produtos de paletó, todo arrumado. Conversando com ele, perguntei por que ali, na rua, ele trabalhava de terno. A resposta do vendedor foi: "A aparência é tudo em vendas, primeiro eu vendo a simpatia, para depois vender os produtos." Observei que apesar de ser um homem simples com pouco estudo, usa suas técnicas de vendas e consegue assim sustentar sua família.

Não confie em ninguém no momento da negociação. Da pré-venda até a venda, seja reservado. Aquele que você acha que é seu melhor amigo, pode vir até a derrubá-lo. Em vendas é assim, não confie no próximo. Após fechada a venda, aí você poderá falar alguma coisa. No nosso dia a dia, muitas vezes confiamos em pessoas que mais tarde nos arrependemos.

Quando o cliente entra na loja, é normal os vendedores monitorarem de imediato a entrada desse cliente. Nesse momento, é importante ter a percepção se o cliente é auditivo, visual ou sinestésico. Deve-se estar conectado a esses comportamentos, pois esse fato pode ser decisivo na hora da venda. A venda ainda não está segura, o vendedor apesar de ficar apreensivo tem de se manter de prontidão, esperando a reação do cliente, para começar a fazer a verdadeira pré-venda.

Comparamos vendedores que agem com técnica a outros que agem sem técnica. Aquele que age com técnica sempre se torna o Número 1. Para fechar a venda, o vendedor experiente tem um sensor muito perceptivo. Após anos de experiência, ele tem noção de cada cliente que entra e, em geral, o que cada um vai comprar. Você passa o dia todo fazendo aquilo. Então, a rotina faz você pensar rápido e ter a noção da compra de cada cliente.

Em qualquer lugar do mundo é possível enganar as pessoas. O problema é que todo vendedor que age dessa forma sobrevive pouco no mercado. Diferente dos que agem com honestidade, estes ficam no mercado por muitos anos.

Muitos chegam ao topo dos campeões de venda tendo estabilidade financeira e com isso podendo dar a seus familiares uma vida compatível com a profissão de um bom vendedor.

Deve-se ter em mente que é importante estar sempre bem arrumado e ser simpático. Muitos vendedores perdem boas vendas devido à falta de cuidado com a sua aparência. Já aconteceu comigo comprando jeans. Toda vez que eu ia a uma fábrica de jeans, um vendedor me recebia sempre com o dedo no ouvido. Isso me fez afastar dessa loja. Esse vendedor não tinha noção de que a aparência é fundamental em vendas. Como vivemos vendas 24 horas, sabemos que esse vendedor não vai muito além de onde está. Não estamos aqui para julgar o comportamento desse vendedor, mas para mostrar os erros e com isso tentar melhorar o comportamento em vendas.

Falando de comportamento em vendas, outro fator importante é o hálito. Vendedor é um profissional que trabalha muito próximo ao cliente, por isso deve ter um bom hálito. Muitos se esquecem de que é conversando que você consegue provar ao cliente que o seu produto tem qualidade e pode resolver o problema dele. O que parece bem simples, com um mau hálito pode se tornar um tormento para seu cliente, por isso é bom estar atento ao seu hálito.

Com esses erros e acertos, estamos aqui tentando melhorar e passar as informações corretas em vendas. Essa é a maneira de como se deve fazer para tornar-se um grande vendedor. Nunca tenha medo de olhar para você mesmo e perguntar: Será que meu comportamento em vendas está correto? Tratando-se de vendas você tem de estar sempre disposto a melhorar. Não se faça de vítima! Assuma seus erros mesmo que, neste momento em que está lendo, se sinta em um navio naufragado. Se quiser, ainda há tempo de resgatar dentro de você um tesouro, buscando o conhecimento e a qualificação profissional; dizendo para si mesmo que está tentando melhorar. Vai ser a chance de resgatar sua autoestima. Talvez aquilo que antigamente seria praticamente impossível, antes de se aperfeiçoar, hoje, tornou-se a coisa mais fácil do mundo. Só depende de você.

Uma das maiores características dos vendedores que são vencedores é a sua persistência. Desistir não faz parte do currículo dos bons vendedores. Por isso, com competência e muita luta conseguem. Muitos trabalham a semana toda e até nos finais de semana; são obcecados por vendas e não encaram o trabalho como um problema. Para esses grandes vendedores, o problema é não vender.

Em geral as pessoas não gostam de mudanças, eu, por exemplo, sempre tive dificuldade em aprender informática, porém procurei aprender o mínimo, senão ficaria fora do mundo tecnológico. Há coisas que não adianta resistir, temos de ser resilientes, pois uma hora a tecnologia chega para ficar: a Internet é um exemplo disso. Sem a Internet tudo era mais difícil.

É impressionante saber que o meu site **www.geambrito.com.br** está viajando o mundo. O site foi feito por uma agência de publicidade e a agência tem o controle dos países que estão acessando o site. Mesmo não tendo o domínio da informática eu preciso afirmar: sem o uso das ferramentas tecnológicas é praticamente impossível trabalhar com vendas; por isso as pessoas precisam estar abertas às mudanças e à tecnologia.

O Brasil é um país onde temos muitos feriados. Por isso resolvi escrever sobre a "casa da Felicidade e da Infelicidade". Segunda-feira é o dia de começar tudo de novo, iniciar o trabalho. Para muitos, quando chega a segunda-feira, estão entrando na "casa da felicidade", enquanto outros, na "casa da infelicidade". O vendedor tem que gostar do que vende. Tem de ter afinidade com o produto e com o seu público. Já fui atendido por vendedores que, infelizes, não foram capazes de perguntar o meu nome, dar bom dia ou boa tarde. Se esse vendedor achar que ainda pode melhorar a fase de estar na "casa da infelicidade", pode conquistar uma fase de crescimento, isso se quiser continuar no segmento de vendas. Só fazendo uma autocrítica e tendo a percepção de que vendas é paixão, o vendedor chega na segunda-feira, sabendo que ali é a sua "casa da felicidade", porque gosta do que faz. O dinheiro não dorme. Enquanto alguns vendedores estão dormindo no seu ponto de vendas, outros estão trabalhando bem, dentro do tempo que se tem disponível para fechar suas vendas, fazendo um atendimento personalizado.

Em geral, quando vamos chegando aos 40 anos, percebemos como o tempo voa, não importa se ganhou ou perdeu. O que não se pode é esquecer de aprender com os seus erros. Se dentro de você não existe o hábito de desejar o bem ao próximo que aprenda. O seu produto ou a sua empresa vai se sair muito melhor com boas atitudes, mesmo hoje em dia com uma concorrência tão forte. Fazendo o melhor para satisfazer o cliente, mais lucro conseguirá gerar para suas vendas.

É normal, às vezes, nós nos encontrarmos pensando em coisas negativas. Entretanto, temos de colocar o pensamento positivo em primeiro lugar. Devemos evitar o sentimento de inveja. Se o seu amigo está crescendo, entenda: ninguém cresce sozinho. Com ele há muitas pessoas trabalhando. Se você não está conseguindo crescer, nunca é tarde para tentar.

Normalmente, pessoas que perdem tempo olhando a vida alheia ou falando do próximo acabam se esquecendo de resolver os problemas da sua própria vida. O primeiro passo é focar nas metas, nas suas vendas e na empresa.

Digamos que um colega de trabalho, unicamente por maldade, tente ou consiga tirar você de uma mesa onde se consegue fechar as melhores vendas. É normal, em vendas, o comportamento de querer derrubar o próximo, como é normal na própria vida, no dia a dia. Talvez consiga derrubá--lo uma vez somente, mas não conseguirá deixá-lo no chão por toda vida. Com a certeza de que você está dando o melhor de si e não desistindo dos seus sonhos você conseguirá levantar, porque há uma coisa que o suposto colega não vai tirar de você: sua persistência e sua fé em Deus.

O exemplo que acabamos de dar é a chamada prova da cadeira. Muitos estão rindo quando conseguem tirar a cadeira e vê-lo no chão. Apesar de não passar de uma brincadeira, na vida real essa suposta pessoa deseja vê-lo mal. É nessa situação que temos de deixar os invejosos de lado. Quem estiver rindo da situação, logo estará chorando. Aqueles que conseguem alcançar o triunfo nas vendas, se quiser terão a chance de curtir alguns prazeres da vida como o luxo e a liberdade, porque o dinheiro traz uma certa liberdade.

No amor ou na vida qualquer coisa pode acontecer. Fazendo uma comparação com Vendas é bem diferente, porque em Vendas você tem que fazer as coisas acontecerem. Sendo vendedor, não se pode correr do sacrifício e da luta diária. É uma profissão muito intensa. Eu, por exemplo, tenho o hábito de vender todos os dias, mesmo quando não estou no escritório de Consórcio fico tentando vender pelo telefone, pois vivo vendas durante as 24 horas. Isso acaba virando um vício. Quando nos afastamos dessa atividade sentimos falta.

O Laboratório de Vendas do Pesque e Pague Rancho Esperança, ficava a 9 km da Vila Trinta de Maio no Município de Montanha-ES, quando estava em funcionamento. Era inusitado vender jeans na zona Rural, como também era inusitado e interessante ter uma fábrica de Lingerie na mesma situação, na zona rural, próximo ao Trinta de Maio. Pois bem, lá ainda existe essa pequena fábrica que gera de 10 a 12 empregos para a comunidade e em pleno funcionamento, e a Lena Jeans do laboratório de vendas era parceira dessa pequena empresa.

Na época, resolvi ir até a fábrica para comprar confecções. Ao terminar a compra, perguntei à dona da empresa quem iria tirar a nota fiscal. Ela respondeu que seria o seu filho. No momento em que o rapaz chegou, percebi que ele era muito novo, mas não imaginava que teria, no máximo, 13 anos. Esse fato me chamou muito a atenção, achei interessante uma criança dessa idade conversar comigo a respeito de uma nota fiscal. Ele é o responsável por esse setor, com 13 anos de idade. Como sou formado em Direito e tenho noção de Direito Comercial e Tributário, resolvi fazer uma pergunta simples para quem é formado nessa área, mas ao mesmo tempo extremamente complicada para uma criança de 13 anos. Só queria testar os conhecimentos dele. Então perguntei qual era a diferença de uma pessoa Física para uma pessoa Jurídica. Com a resposta de forma firme e rápida, fiquei mais surpreso ainda, o adolescente soube dar uma explicação bem convincente, então logo pensei: com apenas 13 anos e já aproveitando as chances dadas pela vida.

Vale ressaltar, para os que não sabem definir esses conceitos que Pessoa Física «é o ser humano considerado como sujeito de direitos e obrigações" e Pessoa jurídica "é uma entidade detentora de direitos e deveres, por exemplo uma empresa."

Somente criando oportunidades é que você conseguirá realizar os seus sonhos. Para que isso aconteça é preciso ter a certeza de que vai usar toda a sua energia para realizá-los, superando os problemas e não se esquecendo de que é fundamental continuar a lutar, pois uma hora a vida vai lhe dar uma chance de obter boas oportunidades.

Às vezes, nós vendedores temos de desvendar alguns quebra-cabeças e somente com algum tempo em vendas é que vamos conseguindo observar que tudo começa a fazer sentido. Vendedores externos possuem a chance de mostrar ao mundo o seu potencial. Para que isso aconteça é preciso exercitar a paciência e desvendar um quebra-cabeça a cada dia. Muitas vezes não encontramos pessoas generosas, portanto saber esperar é de extrema importância. Quase todos os empresários ou os gerentes não nos colocam como a primeira missão do dia. Mesmo que você chegue cedo, tem que saber esperar; e com isso, perde-se muito tempo, porque os gestores não entendem a nossa vida e as nossas necessidades.

Superando essas dificuldades que acabam virando rotina, você poderá dizer: estou no caminho certo. Sabendo que a palavra tem força, diga sempre: ESTOU NO CAMINHO CERTO E VOU VENCER. Muitas pessoas não têm noção da importância da força de uma palavra, e até por isso usam-nas de forma negativa. Alguns se esquecem de dar um "obrigado" para agradecer uma gentileza, um cumprimento de "bom dia", "boa tarde" e com esse comportamento negativo demonstram o seu mau humor. Certamente, agindo assim, vai perder clientes para a concorrência que usa métodos e palavras positivas, fidelizando e aumentando seus relacionamentos. Em vendas, quanto mais você se relacionar, será melhor. Digamos que você venda Planos de Saúde, e resolve fazer trilha com um grupo de empresários para tentar aumentar o seu relacionamento. Tenha cuidado, pois o fundamental é participar e ter afinidade com o esporte que lhe traga prazer e não somente estar naquele lugar porque tem interesse em aumentar o seu número de clientes.

No Brasil, os empresários em geral parecem punidos devido à alta carga de impostos. Por mais disposição que os empresários e vendedores tenham, lutar com tantos encargos desestimulam qualquer um. O certo seria o governo caminhar ao lado dos empresários que são os geradores de emprego, investem e pagam o salário dos vendedores.

A mente humana é capaz de ter grandes ideias e solucionar problemas que, muitas vezes naquele momento, são impossíveis de se resolver. Sempre gosto de falar da mente humana, porque é muito normal encontrar vendedores com mentes pequenas. Minha missão aqui é mostrar que você, vendedor, tem que acreditar que sua mente é poderosa e que somente pensando positivamente vai resolver seus problemas. Acredite na força da mente e tudo vai começar a mudar para melhor em sua vida. Deixo bem claro que não é suficiente só esperar pelo poder da mente, mas sim colocar seu esforço e seu trabalho juntos com esse poder. Sem trabalho não é possível ter a chance de obter resultados.

Quando se perde um grande vendedor, deixa-se uma lacuna na empresa. Grandes vendedores são tão disputados hoje em dia, porque são gigantes e trabalham pesado para fechar suas vendas. Todo trabalho tem seu reconhecimento. Grandes empresas sabem que não é fácil achar bons vendedores, elas lutam com a dificuldade diária de ter de conviver com os maus vendedores, displicentes, desorganizados e outras situações relativas a maus vendedores.

Com técnicas quase tudo é possível. Em Busan (Seul), capital da Coreia do Sul, a população cresceu tanto que no território não cabia mais ninguém. A única saída seria tentar povoar uma ilha no norte, que pelo mar teria uma distância de 8 km e pela terra uma distância de 144 km. O governo coreano buscou uma técnica holandesa de construção de túnel submerso. A Coreia fez uma parceria com a Holanda para construção de um túnel dentro do mar perfazendo 8 km para ligar a capital Busan (Seul) até uma ilha no sentido norte, para assim resolver o problema da superpopulação da capital. Entretanto, se não buscassem essa forma, os coreanos teriam que dar uma volta por terra de 144 km, o que seria inviável. Desse modo, pode-se entender que usando técnicas é possível até construir um túnel submerso. Por isso, afirmo que vender depende de dom, habilidade e técnicas de vendas. Se não souber as técnicas, você pode até vender, porém não fideliza o cliente.

Atendimento é um dos problemas mais graves para ser resolvido. Não só nas empresas privadas, mas também nas públicas. Outro dia precisei fazer uma transferência do carro no órgão responsável. Entrei, peguei a senha, aguardei e quando fui chamado, o atendente não me deu um simples "bom dia"; suas primeiras palavras foram: "Pode falar". Essa falta das palavras mágicas, "Bom dia", "Boa tarde" e "Boa noite" é a demonstração de que as nossas empresas públicas ainda estão com equipes despreparadas e não tentam mudar a péssima situação do atendimento ao cliente.

Numa empresa privada, o seu maior patrimônio é o cliente. Numa empresa pública, como seu patrimônio não é o mesmo, talvez por isso não se enxerga o cliente. Desse modo dificulta muito a relação entre cliente e servidores.

Apesar de gerar o salário do servidor, o cliente é enxergado de outra maneira. Na empresa privada, a excelência do atendimento ao cliente gera lucro. É bem verdade também saber o que adiantaria buscar a excelência nos órgãos públicos, se as remunerações são sempre péssimas e os servidores, em geral, não se sentem motivados devido aos baixos salários.

Um bom atendimento não é mais que uma obrigação de quem está no mercado. A excelência no atendimento é para poucas empresas. As que conseguem ter excelência é devido à busca de uma melhoria constante. Em geral, nas pequenas empresas o atendimento, quando é face a face, torna-se mais fácil buscar a excelência. Diferentemente de uma grande empresa ou empresas que fazem atendimento via Telefone ou Internet.

O USO DO PORTUGUÊS E O VENDEDOR

Em meados de agosto de 2012 tive a necessidade de ir a uma empresa de Telefonia. Ao chegar, percebi o despreparo dos funcionários. Receberam-me sem dar um bom dia. E o problema não foi somente esse. Quando fiz uma pergunta o erro da vendedora foi tão grosseiro que fiquei mal. Isso leva ao aumento do despreparo de pessoas à frente de empresas com nome forte, mas por estar localizada no interior não tem muita opção de pessoas preparadas. As próprias empresas deveriam passar ou treinar os vendedores para um atendimento de qualidade, deveriam se fazer presentes em ATC (Atenção Total ao Cliente). Assim, preparados, os funcionários iriam demonstrar o respeito pelo cliente. Um grande problema é encontrar empresas que deem treinamentos e estejam localizadas perto das pequenas cidades do interior.

Com a globalização é possível achar o mesmo produto em qualquer lugar. Sendo brasileiro, posso afirmar que o mundo está voltado para o nosso país. O Brasil é o grande produtor de alimentos. Quanto mais o país fica forte na área agrícola, mais aumenta a necessidade de vendedores no setor agrícola. Sabemos que a atividade de agricultura é uma das mais difíceis. Produzir não é fácil, por isso quem produz tem seu lugar nesse mundo. Quanto mais alimento, mais tratores são vendidos. Para estocar alimentos é preciso galpões. Toda uma economia é movimentada com a agricultura.

O Brasil dá um atendimento especial aos estrangeiros. O nosso país hoje está com a economia tão forte que é preciso cada vez mais de vendedores competentes e empresários corajosos para ela continuar crescendo. A globalização quebrou o muro que existia entre os países. Somos ligados pela Internet de Norte a Sul do globo e estamos na época das grandes ideias. Qualquer iniciativa ligada a uma grande ideia tem um grande valor no mercado financeiro.

Procure estar longe de qualquer confusão que seja. Tenha uma atitude mais de amizade do que de polêmica. A amizade vai te levar a caminhos mais fáceis e a polêmica vai te levar a um "buraco profundo". É bom ter cuidado e prestar atenção com quem você está andando. Os ratos estão esperando os polêmicos no fundo do poço; um verdadeiro beco sem saída.

O resultado de todo o esforço de um vendedor é reconhecido quando ele fecha boas vendas. Quando é chamado para conversar com o gerente ele é admirado e respeitado. Por isso o tratamento, em geral, é diferenciado para os melhores. Recebe com merecimento tudo o que o grande vendedor tem que receber, mesmo que tenha um problema financeiro, ele está firme no propósito de recomeçar e manter-se firme no seu propósito.

É importante em qualquer ramo de trabalho que sempre o funcionário tire suas dúvidas, portanto, não tenha medo ou constrangimento de tirar as suas dúvidas. Tente entrar no clima do ambiente e busque dar o melhor de si. Procure fazer cursos, pois só assim se consegue prestar um serviço com qualidade, só assim terá a chance de receber parabéns dos seus empregadores, e só assim terá a chance de ser melhor remunerado. Estude sempre e busque conhecimento na sua área. Participe de Feiras do seu setor. Esteja sempre acompanhando as novidades. Acompanhe as notícias de última hora e acredite: não existem soluções rápidas em questões financeiras, tudo depende de um tempo, da prática, dos estudos e do conhecimento do serviço que está prestando ou dos produtos os quais representa. Assim, ao longo de um tempo as coisas vão aparecendo devido a todo o seu esforço. Nunca perca a esperança, porque ela alimenta a sua alma.

Não há ninguém que passa pela vida sem ter enfrentado um momento de sufoco, seja rico ou seja pobre. A partir do nascimento, algum sufoco você acaba passando na vida. A diferença é que alguns conseguem superar desafios e outros não. Superar desafios não é para qualquer um. Alguns políticos são vaiados durante algumas solenidades e continuam firmes, outros desistem ou se intimidam. Se estiver certo e convicto do que está fazendo, continue firme em seus propósitos. Todos têm o direito de não saber tudo e merecem uma chance para tentar melhorarem.

O segredo da vida é não desistir nunca. Busque sempre oportunidades de mostrar suas qualidades, mesmo enfrentando a pressão de ter que vender sempre mais. Não aceite ser mais ou menos. Em vendas, no atendimento ao cliente, uma boa apresentação é fundamental. Deve estar sempre bem arrumado e com uma boa postura corporal. O corpo fala por você através da expressão não verbal. Desempenhe seu papel com uma boa postura e um bom atendimento, pois assim o sucesso acontecerá. Usando a força da mente com pensamentos positivos e um pouco de sorte, tudo acontecerá de bom na sua vida.

O PODER DA COMUNICAÇÃO

Por meio do Marketing Multinível, ou seja, Marketing de Rede, caracterizado pela formação de uma rede de contatos, tive a oportunidade de ser convidado por dois amigos a participar dessa palestra. Lá, o foco era atrair clientes para entrar numa empresa Suíça que tem como sua atividade principal o Turismo. Essa empresa vende pacotes de viagens no valor de R$645,00 e nada mais. O turista tem direito a três diárias numa rede internacional de hotéis 3 ou 5 estrelas. Apesar da atividade principal dessa empresa ser a venda dos pacotes de turismo, o foco não era esse e isso me chamou muito a atenção. Afirmo que pude ver a força e o poder da comunicação verbal e não verbal. Diziam que investindo R$645,00 em vinte ou no máximo quarenta dias, poderia virar R$5.200,00 bastando você colocar mais duas pessoas.

Nas palestras são usadas técnicas de vendas interessantes, principalmente para quem não faz parte do ramo comercial, mas para quem já está no ramo comercial, logo percebe a estratégia de vendas forçada. Por exemplo, há um momento em que o palestrante vendedor diz assim: "Se você colocar X pessoas, você vai ganhar um carro". Ele então aponta para a projeção onde está a imagem de um carro. Na fala do palestrante vendedor você vai ganhar um carro, no valor de R$17.000,00. O carro que está na tela impressiona muito, ao lado de um *Jet-ski* e uma mansão, valendo no mínimo R$60.000,00. Dependendo para o público que se fala, esse palestrante vendedor consegue vender vários pacotes, porque naquele momento a pessoa que está precisando de um carro ou uma casa acaba agindo mais pela emoção do que pela razão. Esse é o grande poder do palestrante vendedor.

Nunca vi ninguém ganhando dinheiro com o chamado dinheiro rápido. Não consigo apontar uma pessoa sequer que consiga fazer essa mágica de forma honesta e transparente. A dificuldade existe para todos. Os mercados são competitivos. Não adianta buscar certos caminhos com a impressão de que vai ser fácil, pois quem faz errado tem de fazer duas vezes. Pude observar que os palestrantes vendedores não estudaram Oratória, mas como fazem parte de uma rede e são pessoas que têm coragem, conseguem criar um *rapport* com a plateia. Durante um tempo, conseguem ganhar dinheiro nessa empresa com muito trabalho. Entretanto, como não é uma coisa segura, com base na economia de nosso país, não sabemos por quanto tempo vai durar.

Certa feita estava em uma *Lan house* e pude presenciar um erro gravíssimo de um vendedor de Planos de Saúde. Erro que o vendedor não pode vir a cometer e que tenho como missão passar a importância de não deixar acontecer com você que está lendo este livro. O primeiro erro foi falar muito alto em um ambiente que não cabia; o segundo, a insistência de tentar vender o Plano para uma senhora perguntando sobre a sua idade, perto de várias outras pessoas. Regra básica da vida, nunca pergunte a idade de uma mulher em um ambiente público.

Procure agir com total discrição nesses ambientes. O certo seria marcar em outro lugar para tentar vender o plano. Em geral, nós vendedores, agimos por impulsos que nos fazem cometer erros graves e primários.

HABILIDADE ATÉ PARA FALAR AO TELEFONE

Um grande parque aquático no Estado do Espírito Santo trabalha com vendas de terreno. O parque, quando vende o terreno, tem a obrigação de colocar água e luz. Já o comprador é responsável pela obra e construção dos chalés. Esse é um grande empreendimento com uma estrutura muito boa. Apesar de não ter investimento em corretores de imóveis, o parque vende muito bem os seus terrenos. Mas como tudo na vida, sempre precisa melhorar em alguma coisa. Quando você conversa com o responsável pela venda dos terrenos, percebe-se que é um homem simples. Esse senhor é apelidado de "Da roça". Conversando com ele via telefone, observei algumas falhas que não se deve cometer no atendimento ao cliente, por exemplo; conversar o tempo todo sem perguntar o nome, sem anotar contatos. Quando telefonei pela primeira vez e não fui atendido, ninguém retornou a ligação. É importante sempre fazer retorno de telefonemas e e-mails. O uso da agenda é muito importante; pois o acesso é mais rápido e os resultados são eficientes.

GERENTE DESEQUILIBRADO

Um gerente que não vive em estado de equilíbrio gera insegurança para sua equipe. Sendo ele o gestor, tem a obrigação de se posicionar sobre a equipe, mostrando a saída para os problemas, direcionando o caminho e assumindo as suas responsabilidades; isso sempre deve acontecer com o estado emocional positivo.

O gerente eficiente é aquele que mostra e acredita nos valores da empresa. Se não carrega com ele, no seu peito, a marca que representa, não será ético com sua equipe e com os seus clientes. Para alcançar esse lado emocional em equilíbrio é importante saber dividir as coisas: ter tempo para investir na saúde e na boa forma, não ficar limitado ao desenvolvimento pessoal, não perder o estímulo da profissão. Não adianta altos salários e mordomias, se não acha prazer e não abraça os valores da empresa. Somente tendo prazer no que faz, as coisas terão valor para você.

O RITUAL DO CAFEZINHO E A SUA IMPORTÂNCIA

É normal algumas empresas, em momentos de crise, acabar com o cafezinho. Aconselho a não fazer isso, pois esse momento aproxima as pessoas. Entendemos como uma necessidade básica, porque é nesse momento do cafezinho que eles se tocam; apesar de ser uma atitude simples, gera um grande efeito entre os funcionários.

Depois de tantas lutas com muitas derrotas e vitórias posso afirmar que na maioria das vezes é preciso seguir em frente por um caminho solitário, onde somente você responde pelas suas decisões.

Com quase 44 anos, se eu fosse acomodado já teria parado de criar coisas e passaria minha vida como um vendedor qualquer. Entretanto, a necessidade da busca pelo conhecimento fez com que eu enfrentasse um dos maiores desafios da minha vida, e foi daí que nasceu a GSB Consultoria Empresarial e a GSBENS Consórcios. À medida que fui obtendo conhecimentos das técnicas em vendas, resolvi, então, levar o meu aprendizado para aqueles que necessitam de cursos em Vendas e Consultoria. Mesmo sabendo que vou ter que enfrentar as inúmeras turbulências nos aviões e o perigo das estradas, estou disposto a ser um palestrante. Jamais esperava que um dia fosse ser um professor e um palestrante. Tudo foi acontecendo aos poucos. Quanto mais eu participava de encontros com palestras sobre vendas, mais eu sentia que era aquilo que eu queria para mim, ser um palestrante.

Os contatos que tenho na área comercial me ajudam muito. Criei um método de ensino dentro de pirâmides. Nesse sistema, temos de entender que o cliente está sempre no topo da pirâmide. Na vida nada acontece por acaso. A minha querida mãe adorava pirâmides. É bom registrar que sempre sofri uma grande influência positiva em tudo que fiz. Com as lembranças da minha mãe, *in memoriam*, recordo-me de que ela colocava na janela do quarto umas pirâmides de cristal. Havia também umas de vidro. Na criação desse método e na logomarca da GSB consultoria sofri essa influência e, graças a DEUS, tem dado certo.

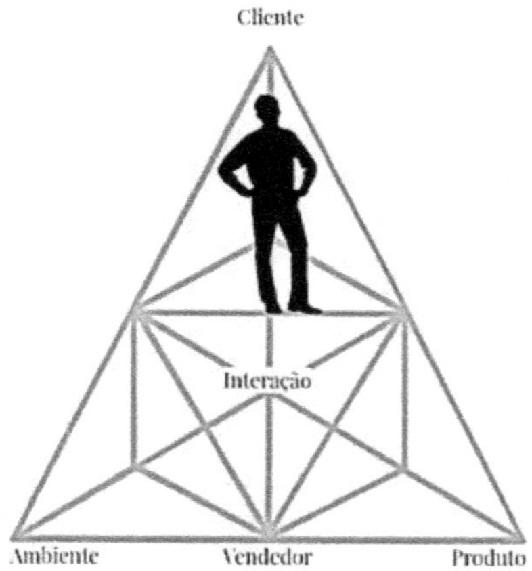

Tudo que eu faço, entrego primeiramente nas mãos de Deus, depois faço minha parte e o resto ele guia. Entregue suas vendas nas mãos de Deus. Ele vai guiar o seu caminho e abrir as portas que estão fechadas. Você só não pode deixar de fazer a sua parte.

Como peça fundamental no desenvolvimento econômico do país, quase todas as profissões dependem dos vendedores para movimentar o seu negócio. Em todos os lugares do mundo, temos vendedores. Sabemos que os vendedores são profissionais que normalmente trabalham em terra, porém uma certa época, quando nem pensava em montar a GSB Consultoria Empresarial, tive a oportunidade de conhecer os vendedores do ar em uma viagem pela Europa, isso há muitos anos.

Ao viajar de São Paulo para Porto Alegre conheci os vendedores brasileiros do ar. Diferentes da Europa, que vendiam bijuterias e maquiagens, aqui no Brasil só vendiam lanches; porém estavam vendendo alguma coisa, com direito até a utilizar a máquina de Cartão de Crédito em pleno voo.

Nesse voo, comecei a observar o comportamento dos vendedores do ar, no Brasil. Logo percebi que o foco não era a venda em si, mas sim, melhorar o lanche para os clientes, colocando esse custo pra eles. É mais uma redução de custos do que uma própria venda. Quando o avião chegou a Porto Alegre, resolvi perguntar às aeromoças se já tinham feito algum curso de vendas ou atendimento ao cliente, e a resposta foi não. O fato é que podemos tirar uma lição com os vendedores do ar. Devido a uma necessidade da empresa em reduzir custos, eles são treinados para auxiliar passageiros e acabam por alguns minutos tornando-se vendedores. Isso nos mostra que até no ar é possível encontrar alguém vendendo algo.

Outro caso interessante foi um treinamento que ministrei para um consultor da *Herbalife*. Entramos no assunto "vontade de vender". Ele me disse que conhecia o dono de uma mercearia o qual era tão louco para vender seus produtos que, quando ele não vendia para ninguém, ele mesmo colocava os produtos no balcão e mandava o caixa passar como se ele mesmo estivesse comprando alguma coisa. Ele acabava tendo com isso um resultado financeiro fictício, mas gerava, naquele momento, um conforto para sua alma de vendedor.

Vou passar para vocês as falhas de um grande esquema de vendas e atendimento ao cliente. O fato é que tudo aconteceu no melhor hotel de montanhas de Gramado. Um grande esquema, porque logo na chegada ao hotel, há uma grande loja de sapatos com predominância para sapatos femininos. A localização foi muito bem feita no projeto do hotel. Não é possível uma mulher passar sem olhar para os sapatos da vitrine. Quase todas que passavam, entravam para olhar mais de perto os produtos. Curioso, entrei na loja e, imediatamente, pude observar a baixa estima das vendedoras. Pior ainda, elas não sabiam fazer uma abordagem com técnicas. Ao lado da recepção, há um restaurante italiano com uma equipe de três garçons dispersos. Igualmente às chamadas equipes displicentes, aquelas em que um garçom não olha um para o outro, não olham para o cliente e mais uma vez demonstram que estão com uma baixa autoestima. São pequenos detalhes que mostram uma falta de atenção de um garçom. Você pede um peixe bem grelhado e ele vem mal grelhado. Algumas vezes, chegando ao ponto de vir meio cru.

Uma equipe precisa estar sempre em sintonia, trocar olhares, usar os olhos como sua principal arma. Um garçom não pode esperar pelo outro. Não é interessante o cliente ficar chamando várias vezes para ser atendido. Atitude é fundamental.

Um vendedor não pode se cansar de buscar novas alternativas. Se aquele alvo não deu certo, busque outro, mas nunca desista. É uma profissão que depende de total persistência. Tente ser parceiro de seu colega de trabalho. Aprenda a observar o comportamento dos vendedores. Evite os deslizes, pois eles podem custar caro para você. Quando estiver vendendo, cuidado para não fugir do assunto. Tenha atenção para fechar a venda dentro do tempo necessário, porque assim estará concluindo o trabalho em tempo hábil, cumprindo sua função, vencendo a batalha de ser vendedor.

Quando nos deparamos com um grande e forte profissional em vendas, pode– se observar certo ar de heroís-mo, parecendo até mais valoroso do que os personagens mitológicos. Isso acontece, porque são pessoas comuns que se esforçam ao máximo para vender cada vez mais. Esses heróis, em geral, são aqueles que fazem a diferença, começam a vender às 7h da manhã e só conseguem parar à noite. Esses não se limitam a cumprir horários. E todo momento pode ser um bom momento para se vender. Lógico que tudo tem um preço, para se ganhar altos salários as pessoas acabam trabalhando com uma carga horária excessiva.

Uma atitude que o vendedor não deve cometer é prometer o que não se pode cumprir. É muito normal achar vendedores com essa atitude e outros vendendo cavalos cegos para seus clientes. Aparentemente não arrumam uma encrenca naquele momento. Esse vendedor, agindo de má fé, consegue abrir a bolsa do cliente. O problema é que esse tipo de venda só se faz uma vez. Ela nasce e morre no mesmo ato da venda. Assim, de forma medíocre ele fica na ilusão de que fez um bom negócio. É mais fácil enganar do que conquistar com lealdade. A atitude de não se importar com o cliente é colocar o dinheiro à frente de tudo.

Alguns clientes, mesmo morando na zona sul, não conseguem expressar no rosto a felicidade de viver. Outros morando na zona norte conseguem expressar a felicidade no rosto. A felicidade é extremamente intrínseca.

Saindo de um curso na Fundação Getúlio Vargas pude confirmar que é possível ser feliz trabalhando e, por mais difícil que seja a profissão, é possível encontrar prazer e felicidade no que se faz. Saindo da FGV quase às vinte e duas horas deparei-me com um caminhão de lixo, e comecei a observar o comportamento dos trabalhadores que recolhiam o lixo. Eram quatro homens, um deles pegava o lixo sorrindo e ouvindo um fone no ouvido. Qualquer pessoa que estivesse atrás daquele caminhão, poderia ver que ali tinha um homem feliz. Apesar de o serviço ser pesado, ele não demonstrava E*stresse*. Para esse trabalhador, a noite estava bonita, mesmo em cima de um caminhão de lixo ele estava ali, feliz, dançando e curtindo o seu trabalho.

Nesse momento em que estamos vivenciando a atividade comercial intensamente, as novidades vão surgindo. Tive a oportunidade de conhecer o marketing olfativo. Um tipo de marketing para o olfato que visa trabalhar o aroma junto com a emoção. Resumindo, é colocar uma essência de acordo com o tipo de comércio. Essa técnica foi fundada por um coreano. Posso indicar para os lojistas que a essência mexe realmente com o aroma do ambiente.

A ética em venda ou em qualquer profissão é, na verdade, muito relativa. Para uns a ética existe, para outros não. Alguns casam num castelo e no momento da cerimônia não conseguem dar um beijo com ética. Outros que se casam em um cartório dão um beijo ou tem um comportamento adequado para o ambiente. Então, por isso tudo é relativo. Apesar de o padrão ser básico, vai do entendimento de cada um. Eu, por exemplo, adoro a energia de interagir com pessoas nos meus treinamentos e sempre faço questão de deixar a propaganda do meu site. Para alguns, talvez não fosse ético, no entanto, no meu ambiente de trabalho não deixo de falar dos meus negócios e do meu site. Lógico que isso vai depender da sintonia que vai dando margem à conversa.

Mesmo sabendo que a vida é igual todos os dias, o segredo é você não fazer as coisas do mesmo jeito. Sempre inventar uma maneira de trabalhar diferente. Procure levar a vida de forma mais natural. Por isso indico o uso de bicicleta ou moto elétrica. Somente assim você poderá contribuir para despoluir o planeta. Busque harmonia com a natureza, pois isso vai te ajudar no trabalho em vendas. É preciso um momento para relaxar. Depois de um dia pesado, muitos não conseguem encontrar beleza no resto do dia, porém se estiver de bem com a vida vai enxergar a beleza nas coisas mais simples.

Em atendimento ao cliente é importante entender o que é customização. Geralmente é uma expressão empregada no sentido de personalização, adaptação. Adaptar algo de acordo com o gosto ou com a necessidade de alguém. A adequação ao gosto do cliente significa personalizar o atendimento. Cada cliente é único e suas necessidades são bem diferentes. Para se ter um atendimento de qualidade é necessário respeitar as particularidades de cada um e também suas expectativas em relação aos produtos e serviços. Entendemos que aquilo que é bom para um cliente não será, necessariamente, para outro.

Retrabalho é quando não se tem atenção com o que faz. Digamos que faça de forma errada, tendo a necessidade de fazer tudo de novo. A forma que temos de evitar o retrabalho é não agir com ansiedade, precipitação ou até mesmo tendo uma má comunicação. O certo é que, antes de iniciar um trabalho, temos a obrigação de planejar e desenvolver uma atitude preventiva, sempre esperando que algum erro possa acontecer. Numa empresa isso, às vezes, é considerado perda de tempo, de gasto com material, porém a empresa pode vir a ter sérios problemas. Então o certo é o atendimento produtivo, com atenção, para evitar o retrabalho.

Muitas vezes temos que suportar as lanças do mal. Ser vendedor não é somente ter habilidade e ser persistente, mas sim, suportar as lanças daqueles que têm prazer em cultivar o mal, falando do próximo, divertindo-se na rádio corredor. Rádio esta que é dirigida por todos que têm o hábito de lançar as flechas do mal, com conversas erradas e fofocas. Como se aquele que é um ser humano fosse um réptil. O pior é que esses que vivem na rádio corredor acabam influenciando as próximas gerações. Muitos que estão rindo daqueles que trabalham honestamente, logo vão se arrepender, pois a resposta de Deus tarda mais não falha.

Sempre me pergunto o que os jovens de hoje pensam da época da ditadura. Hoje, eles têm a liberdade de ir e vir. Antigamente os militares entravam nas casas e queimavam os livros. Está provado que a ditadura não deu certo no mundo. É uma história muito triste, muitas mortes em circunstâncias misteriosas. Muitos jornalistas foram declarados ladrões. Hoje o ladrão, o grande ladrão, anda solto por aí e ninguém consegue pegar. Não temo de colocar esse exemplo, porque esse livro é uma aula de Empreendedorismo.

O jovem de hoje tem muito mais oportunidades do que o jovem de ontem. As chances de estudos são reais, mas, infelizmente, muitos não aproveitam as oportunidades. Apesar de não viver no sistema ditatorial, com toda liberdade que se tenha, infelizmente muitos jovens preferem investir em roupas do que em estudar de verdade. Posso afirmar que minha vida só mudou quando entendi a necessidade de fazer as coisas de verdade, com disciplina e enfrentando a vida como todos aqueles que querem vencer.

Sabe-se que para vencer é preciso determinação, é preciso ter persistência, acreditar nas coisas e nos projetos que se têm em mente. Evite levar as coisas para o lado pessoal. Aceitar as mudanças é entender que tudo faz parte de um processo. É tentar controlar seus impulsos, pois eles podem tirá-lo ou colocá-lo em um buraco. Faça uma limpeza do seu passado e tente mudar para melhor. Na época da ditadura, o homossexual não era respeitado e sim massacrado. Embora não estejamos na ditadura, ainda temos o forte preconceito contra os homossexuais. Olhe para o seu colega do lado sem discriminação. Assim você irá fazer parte de uma história que rompe a barreira do preconceito contra muitas coisas que no regime militar seriam normais. Não se consegue separar uma história da outra, a menos que iniciemos a mudança dentro de nós respeitando o próximo.

Trabalhar a emoção das pessoas e aumentar sua autoestima é o grande problema do século XXI. Motivação para o trabalho é saber procurar a maneira correta de trabalhar, gostando e dedicando-se ao que se faz. Procurar fazer um trabalho organizado e com amor está ficando cada vez mais difícil, porque as pessoas estão se acostumando com o pouco. Não podemos deixar as coisas como estão. Temos que agir, pois nosso país precisa crescer. Na verdade, nós precisamos crescer. Somente buscando a construção do conhecimento por meio dos estudos, das formações, capacitações, isto é, estudando cada vez mais é que vamos ser competitivos. É fundamental entender que somente o estudo pode mudar e fazer de você uma pessoa mais forte. Antigamente era normal você escutar: "Olha, aquele homem é trabalhador! Começou aos poucos, vendendo alguma coisa e hoje é muito rico". Nos dias de hoje, no mercado globalizado tudo é muito rápido. Uma gripe no Brasil se espalha imediatamente pelo mundo todo.

Agora que sou consultor empresarial, não deixo passar a oportunidade de oferecer meus serviços como consultor. No final de agosto de 2012, fui levar meu carro para trocar os pneus. Aproveitei, cheguei até o gerente e falei do trabalho que estava iniciando. Ele me disse que tem uma consultoria de Belo Horizonte que vem todo mês. Realmente é fácil observar que tem algum apoio de consultoria, pois são muitos quadros falando do atendimento de excelência, outros falando ou fazendo marketing para incentivar na prevenção dos problemas dos carros.

Mesmo com a resposta dele de que já tem uma empresa fazendo a Consultoria, resolvi não desistir e comecei a observar todos os detalhes da empresa da parte de atendimento e externa, até que achei uma falha. Analisei bem e fiz algumas perguntas para outros clientes, quando estava certo da falha. Retornei ao gerente e mostrei-lhe o problema: quando você se sentava nas cadeiras ou se levantava delas faziam um barulho alto e chato. Ele me agradeceu muito. Naquele momento eu vendi o meu serviço de consultor empresarial, sem forçar a barra, pensando no bem estar do cliente. Mesmo sendo uma borracharia de grande porte, com excelência no ATC, achamos uma falha. O consultor tem de observar todos os detalhes da empresa. Ele é um médico de empresas.

Sempre quando estou em Vitória, gosto de ir almoçar num restaurante alemão que fica próximo a BR, um pouco acima da cidade de Domingos Martins, nas montanhas capixabas, rota turística do Espírito Santo. Voltando do restaurante sentido Vitória, resolvi abastecer o carro em Domingos Martins. Logo quando cheguei, achei interessante. O posto na entrada da cidade era aparentemente limpo externamente, porém tinha o banheiro imundo. Ao lado, uma torneira vazando água. Como sou ambientalista, não consigo passar sem saber o motivo do desperdício.

Fui conversar com os frentistas sobre o problema da água. Eles responderam que havia muito tempo que a torneira estava com defeito. O dono não se importava. Questionei sobre o gasto. Eles disseram que a água vinha de uma mina, por isso o patrão não se importava. O que eu achei estranho é que com tanta falta de água no mundo, e ali a água caindo há meses sem parar. Esse dono colocou na parede uma xérox, mostrando 10 maneiras de você se tornar um frentista campeão, no entanto o posto dele está com o banheiro imundo e uma torneira desperdiçando água. E assim segui a minha viagem de volta!

Um escritor não precisa dos dedos dos pés para escrever, mas é normal que precise dos dedos das mãos para escrever seus livros. A vida comercial é uma verdadeira guerra. A grande preocupação é vencer. Muitos se esquecem de que é preciso tentar vencer bem, mas não apagando a estrela do próximo. Se os dedos desse escritor estiverem bem, ele continua na carreira, ao contrário é obrigado a parar por aí. É necessário cuidar dos pés, dos dedos, da mente e do corpo. Se você estiver preparado, nada poderá te parar.

Deus arquiteta as coisas de forma especial, Ele conduz nossas vidas e nessa condução sentimo-nos seguros e firmes por ter todo o apoio do nosso Senhor. Devemos agradecer a Deus a oportunidade de mais uma venda fechada. Nossa função de vendedor exige muito trabalho distante de casa. Apesar do vendedor está sempre ausente da família, temos que acreditar que o nosso arquiteto maior está sempre nos protegendo.

Vivemos numa vida comercial em que não temos direito a muitos erros. Quando erramos uma vez tudo bem, por displicência podemos errar mais de uma vez. Acontece que, enquanto estamos errando por displicência, alguém estará acertando por agir com presteza. Imaginemos um profissional que trabalha com serpentes perigosas. Por um segundo, sem atenção, a morte estará na sua frente, por isso estar atento é importante. O vendedor deve agir com cuidado, em relação aos contratos dos seus clientes. Isso, posso afirmar, não é mais que uma obrigação daqueles que estão cuidando dos contratos alheios. Problemas foram feitos para serem resolvidos, imaginamos que aqueles, que podem evitar o problema, vão evitar também um constrangimento e uma perda para todos.

Sempre vou a uma pizzaria ao lado do meu apartamento. Lá a pizza é excelente. A estrutura e atendimento são de primeira, as pizzas são feitas em um forno a lenha e fica de forma que ao entrar na pizzaria todos acabam vendo o ato de fazer a pizza; isso porque os vidros são transparentes.

Certa feita, fui até essa pizzaria e resolvi tomar um vinho. Comecei tomando uma taça. Quando resolvi tomar outra, perguntei o preço da taça para o garçom. Ele respondeu que uma taça de vinho custava R$15.00. Então perguntei o valor da garrafa. Ele disse que valia R$48.00. Obviamente pedi uma garrafa. Entretanto após abrir a garrafa e já há algum tempo tomando o vinho, ele se aproximou e disse que havia acontecido um erro, pois a garrafa daquele vinho não custava esse valor, mas sim, R$60,00. Nesse momento pude, como consultor, observar o despreparo do atendimento diante de um problema. O certo seria manter os R$48,00, porque o erro foi da empresa e não do cliente. Ou, então, deixassem o cliente tomar o vinho e não cobrar ou arrumar uma maneira de fazer alguma cortesia. Como sou muito amigo de todos lá, até brinquei com ele dizendo que poderia ficar tranquilo que com a inflação o vinho havia subido para R$60,00. Concluí dizendo que esta história iria entrar para o meu livro e, quando estivesse pronto, ele iria ler e entender que foi um dinheiro bem gasto para eu ter a chance de, como consultor, poder mostrar como devemos agir diante de um problema.

Nós, vendedores, temos que tentar atingir a capacidade de entrar na cabeça do nosso cliente e entender realmente o que ele pensa. Temos que agir com habilidade. Temos que tirar o máximo de nós mesmos. Meio termo não resolve em vendas. Tenho falado que é preciso conhecer bem o produto e o mercado. Vendedores que não estão informados são vencidos pela sua própria incompetência. Não são capazes de saber as características dos produtos. Não tentam passar por uma transformação para melhor, a fim de se tornarem mais fortes. Um vendedor treinado consegue somente observando o comportamento do cliente verificar quais são as suas chances de vender ou não. Na batalha das vendas, para ser bem sucedido é preciso estar atento e não se permitir nunca entrar na zona de conforto. Na vida comercial, não é preciso passar por cima dos outros. Não existe ninguém que vai te proteger se não vender e não conseguir bater as metas ou fechar suas contas no final do mês.

É um horror você se sentir num ambiente de trabalho em que os vendedores disputam vendas, sem ética. Embora seja difícil ficar horas em pé numa loja para vender, é necessário, mesmo sabendo que é cansativo e desgastante. Essa é a nossa profissão. Vendedores são guerreiros. Não busque a imagem de um vendedor que conseguiu o sucesso sem esforço pesado. Em vendas dependemos do esforço físico e mental. No meu caso, que já trabalhei muito tempo como vendedor externo, quando chegava aos postos de gasolina, dormia uma meia hora dentro do carro, depois seguia em frente. Esse atraso foi a estratégia usada para me manter vivo até hoje. Eu disse a mim mesmo, várias vezes: "Tenho que mudar meus hábitos alimentares e começar a fazer algum exercício físico". Mas isso só aconteceu após um grave problema no joelho, então tive orientação médica de que deveria andar de bicicleta, e foi nesse momento que também comecei a fazer caminhada.

Quando você pega o carro obstinado a vender, para se manter vivo não se pode colocar a ambição na frente da sua capacidade física. Nessa batalha das vendas, já vi muitos embarcarem numa missão suicida. Ficam tão loucos para vender que o carro se torna o seu maior inimigo como se fosse um canhão de artilharia com a mira apontada para você mesmo. Ao vender você corre riscos, mas não é preciso correr riscos em excesso.

Todo dia é uma escalada numa colina diferente, uma difícil missão. Quando você chega ao topo, não tem o direito de parar. Isso se a sua missão for vender. Somente praticando é possível entender que todo trabalho que está no topo da colina é mais árduo. Quanto mais subimos a colina, menos nos permitimos falar como um principiante: "Nunca conseguirei fazer isso ou aquilo", pelo fato de já ter passado por várias experiências. No momento em que você chega ao topo, todo seu comportamento é motivo de exemplo.

Pedimos que faça uma reflexão da sua própria vida e tente, enquanto há tempo, buscar a mudança. Tente ser um vendedor de verdade. Com ética e esforço, você vai chegar ao topo, para isso é preciso viver vencendo e seguir em frente. Aprenda a enfrentar os trancos da vida de cabeça erguida, ficando forte e persistente.

Quando tive a ideia de escrever este livro, não estava na minha mente seguir a carreira de consultoria empresarial e nem mesmo empresário no ramo de Consórcio. Tudo foi surgindo aos poucos e hoje como consultor não consigo deixar passar os fatos do dia a dia, porque são esses fatos que me fazem escrever esse livro na área de vendas e empresarial, mesmo com erros e acertos. Gera em mim muita angustia saber que para entrar num grande atacado de bebidas e comidas, é preciso pagar um estacionamento de cinco reais para ficar trinta minutos. Isso me gerou, e deve gerar em muitas pessoas, um desconforto. Quando fui a certo atacado, não havia comprado nada, fiquei trinta e quatro minutos, mesmo assim tive que pagar cinco reais. A maneira de trabalhar é tão forte na pressão de comprar que, muitas vezes, o grande atacado acha que está ganhando, porém está perdendo por abusar dos clientes, forçando-os a comprar no mínimo o valor de vinte e cinco reais, para ficar livre de ter que pagar o estacionamento. Como consultor empresarial não vejo com bons olhos tal comportamento, mas respeito as diversas opiniões.

O interessante da vida é que, com a imaginação, podemos ir aonde quisermos. Alguns buscam a perfeição, outros acomodam e decidem viver sem a busca por mudanças. Aqueles que buscam, quando chegam, dizem que nunca haviam pensado que chegariam tão longe. Como consultor, conheci um casal de empresários. Marquei uma reunião com eles, via telefone. A sensação que tive, no primeiro momento, é que o interesse deles seria pelo treinamento de seus colaboradores. Fiquei surpreso, pois ao fazer a minha abordagem de ATC (Atenção Total ao Cliente), ele relatou que estava precisando de um gerente para acompanhá-los em toda a empresa. No momento fiquei assistindo e ouvindo os seus relatos. Ele me disse que tinha cinquenta funcionários, mas estava descrente do ser humano. Percebi o desespero do empresário pela busca de uma pessoa para gerência de sua grande empresa.

Normalmente, nós que temos comércio, sofremos juntos com o campo. A zona urbana anda junto a zona rural. No nosso Brasil, o Norte é um grande produtor de carne. São muitas fazendas de pecuária. De modo geral, muitos ainda acham que o lucro está na derrubada da mata para criar mais animais por hectare. O mundo todo busca comprar carne por recomendação de lugares onde tem como principal fator o bem estar do animal. Acabou a época de encarar o animal com maus tratos, com paus e batendo. É preciso regularizar as áreas de preservação permanente e suprir a legislação Ambiental.

O Brasil poderia ser um modelo para todo o resto do mundo em preservação ambiental. Há lugares onde o desmatamento é muito grande e o comércio não vai bem, os empresários são obrigados a vender a prazo. A inadimplência complica a vida de qualquer empreendedor.

Administrar é uma arte que não é para qualquer um. Na época em que tínhamos o Pesque e Pague, havia próximo do nosso empreendimento um grande empresário que tinha o hábito de iniciar um negócio e deixar pela metade. Muitos trabalham dessa forma e estão sempre em busca de oportunidades de negócios. Entram muitas vezes em negócios que nunca nem ouviram falar ou tiveram experiência. Nunca passaram um mínimo de tempo naquela atividade que pretendem seguir. E mais, alguns são contra a ideia de buscar consultores, como se tivessem a certeza de conhecerem o caminho, defendem as suas ideias afirmando que não é necessário buscar consultoria empresarial. Quando estamos na atividade de consultoria, nossa cabeça fica mais pesada. A responsabilidade de manter um estabelecimento comercial aberto, com colaboradores treinados e a empresa gerando lucros não é tarefa fácil. Na nossa agenda, existe uma grande responsabilidade de manter o crescimento da empresa, lutando pelo emprego dos nossos colaboradores. Não podemos fazer promessas ou críticas, temos que ser realistas. Depois de se fazer um diagnóstico deve-se dizer para o empresário se ele deve manter ou fechar o seu empreendimento aberto. É normal, dependendo do tamanho da empresa, buscar parcerias. São apoios importantes, porque lidamos com vidas e muitas vezes em estado de emergência. Somos os médicos das empresas. Quando encontramos alguma dificuldade, já fica tão normal que levamos tudo com naturalidade. Eu, por exemplo, fico sensibilizado com a questão dos empregos, da gestão empresarial e de pessoas. Quando estamos atuando, temos de encontrar um caminho, fazendo a nossa parte e pedindo orientação a Deus para sempre arrumar uma saída. Somos motivados pelo nosso dia a dia da vida comercial de considerar que, com nossa experiência, possamos ajudar os outros que estão em busca de consultoria empresarial.

Vou relatar um exemplo a respeito de um amigo que considero um dos maiores vendedores do norte do estado do Espírito Santo. Um grande vendedor que estava com uma pequena falha na sua loja de produtos de agropecuária. Conheço poucos vendedores que conseguem vender mais de um milhão por mês. A história desse vendedor empreendedor é interessante, pois ele morava na zona rural e era tratorista, no entanto sempre teve dentro de si o espírito de buscar algo melhor para sua vida. E resolveu iniciar com atividade de vendas de produtos agropecuários.

Um dia fui comprar uma vacina e, como eram muitos frascos, solicitei gelo para colocar no isopor. Recebi a notícia de que a empresa não tinha gelo. É bom lembrar que o gelo é requisito obrigatório para uma loja de produtos agropecuários que vende vacina todos os dias. Para minha surpresa, fui informado de que o dono da empresa havia levado o freezer da empresa para a sua casa. O próprio dono deixou a empresa sem gelo, e os funcionários não se preocuparam em arrumar outra forma para fazer o gelo. Para resolver o problema, compraram o gelo, mesmo assim, não atingiu nem 20% da capacidade do isopor. Até aqueles que vendem mais de um milhão por mês, são capazes de cometer erros contra si mesmo. São tão focados nas grandes coisas que se esquecem e não conseguem enxergar as pequenas coisas dentro da sua empresa. Reconheço que esse grande vendedor é um homem de grande coração, um exemplo de empreendedor. Nós que somos vendedores, só temos a aprender com esse empresário e grande vendedor, sempre lutando por um Brasil melhor.

Outro exemplo, foi um diálogo que tivemos com um empresário que estava bem estressado com os seus colaboradores. Fiz todo contato por telefone para marcarmos a reunião na qual iria tentar oferecer treinamento de atendimento ao cliente. Quando cheguei, percebi que ele era uma pessoa extremamente direta e muito estressada. Até me identifiquei com ele naquele momento. Na sala estávamos eu, ele e a esposa. Ao iniciarmos a conversa, ele me pediu que fosse direto ao assunto. Após explicar como funciona a minha forma de trabalho, ele começou a contar a sua história. O que era para ser rápido foi uma conversa de quase uma hora.

Entramos em um bom entendimento na nossa conversa. Naquele momento, eu estava sendo designado para ouvir um grande desabafo. Dentro da empresa, na qual ele trabalhava com mais de cinquenta funcionários, segundo o empresário, era tanta doença inventada pelo povo que ele ficava com a impressão de que todo mundo desejava enganá-lo. Enfim, ele me fez uma proposta que, de tão inusitada, não sabia se era real. Ofereceu-me dez mil reais, para que eu arrumasse uma pessoa para ajudá-lo a gerenciar o empreendimento, por dois anos. Então resolvi dizer-lhe a verdade e deixar claro que eu era consultor empresarial e estava ali a fim de oferecer-lhe Treinamento e Consultoria, por isso não poderia receber o dinheiro para arrumar alguém para ele.

Nessa época, tive que fazer uma viagem a Belo Horizonte e decidi ficar em um hotel cinco estrelas, talvez o único de Belo Horizonte. Enquanto estava lá, resolvi simular uma Consultoria desse hotel. Segue o relatório: ar-condicionado pingando o tempo todo dentro do quarto, na piscina havia azulejos caídos, acima da piscina era um aspecto de ambiente sujo; o lado bom é que o rapaz que cuidava da piscina era muito carismático. Resolvi depilar as orelhas no salão e fui levado para um outro local, um quarto próximo à entrada da piscina, com o teto impregnado de umidade e um cheiro de mofo. O despreparo dos garçons era evidente. Atendiam bem, mas não trabalhavam em equipe. Constantemente deixavam o restaurante sozinho e iam para a cozinha. Fiquei quase uma hora na recepção esperando atendimento, já estava perdendo a paciência quando apareceram três recepcionistas. No momento em que fui tomar o elevador, estava parado e não constava nenhuma placa avisando do problema que estava acontecendo. Quando, enfim, cheguei ao quarto, a tomada da TV não estava funcionando e demorou muito para o problema ser resolvido. Tive de chamar o serviço de quarto por três vezes. Na sala de entrada havia uma mesa executiva sem um lixeiro próximo. O impressionante é que estamos falando de um hotel cinco estrelas. Isso foi o que me fez escrever para mostrar essa profissão tão importante que permite ao empresário fazer uma real avaliação do seu negócio. Posso afirmar que os problemas existentes em pequenos hotéis são os mesmos dos grandes hotéis. Todos os empresários estão na luta para melhorar os seus empreendimentos. Esse hotel estava em reforma e é situado em um lugar muito bonito, com todos os seus elevadores panorâmicos.

O NOME IMPULSO EMPREENDEDOR

Achei que o nome Impulso iria atrair as pessoas impulsivas como também eu fui. Tenho certeza de que aqueles que são impulsivos e estão lendo esse livro sabem que por impulso perdemos amigos, família, emprego, dinheiro, amor e, muitas vezes, até a esperança. Quando estamos focados em um objetivo e temos palavras e pensamentos positivos, as chances das coisas acontecerem a seu favor são maiores.

Nenhum sucesso vem em vão. Fui criado numa pequena cidade do norte de Minas Gerais, Nanuque. É normal, em uma cidade pequena, nós conhecermos todos os moradores; com isso um fica sabendo da vida do outro, dos seus sucessos e fracassos. Em 2010, ouvi alguém falando de um grande empresário que possuía dez automóveis Ferrari. Qualquer pessoa ficaria atenta ao assunto sobre o automóvel Ferrari. Ainda mais um homem que consegue ter dez carrões dessa marca; além de um avião e um helicóptero. Todos esses bens adquiridos por esse grande empresário são desejados por todos os homens de negócio. Dizem que ele fez fortuna pelo fato de ter inventado uma pequena peça. Após essa invenção seus negócios mudaram cem por cento para melhor, a ponto de ter construído a melhor e maior empresa de locação de andaimes do mundo. Ele é um grande vendedor e empreendedor. Conseguiu grandes parcerias. Aqui deixo o recado para aqueles que perdem tempo falando dos outros: a inveja é uma atitude horrível e, posso afirmar com propriedade que muitos adorariam estar no lugar desse grande empresário. Ele ficou quinze anos em primeiro lugar no mercado mundial.

O que me surpreendeu na atitude dessa grande empresa de locação de andaimes, foi o fato de ter colocado uma grande placa de outdoor na Rodovia que segue para o Aeroporto de Confins, em Belo Horizonte. Acredito que é um bom investimento em marketing. Uma empresa, quando chega num volume da grande empresa citada, poderia deixar passar desapercebidos os pequenos detalhes de publicidade. Porém, o que pude ver, foram dois trabalhadores no alto da placa limpando e consertando. Meus parabéns para todos os gestores dessa grande empresa. Deixo aqui uma dica de marketing estratégico: seria bom colocar também uma placa do outro lado da rodovia. É apenas uma dica de consultoria. Mas como dizem na Turquia: cada um com seu tapete.

Posso afirmar que por mais que um país tenha um PIB (Produto Interno Bruto) em crescimento, se sua população não estiver com a FIB (Felicidade Interna bruta) em acompanhamento, ele não vai conseguir manter-se em desenvolvimento.

O que movimenta o ânimo de uma empresa são as pessoas. Hoje a felicidade no trabalho é fator fundamental para o crescimento de qualquer empresa. As pessoas são organismos vivos mutáveis e todas são focadas na busca de satisfação do consumidor. Entendemos que a felicidade é contagiante e a satisfação pessoal do funcionário é tão importante que gera uma empatia com o cliente. Quando entramos numa loja e olhamos os vendedores satisfeitos, as chances de compra são bem maiores. Nós, vendedores, temos que levantar da cama com prazer sabendo que nos espera a luta do dia e que é dali que tiramos o nosso sustento.

Quando me encontrei como consultor empresarial e palestrante, disse para mim mesmo que era isso que eu queria ser. Naturalmente as coisas foram acontecendo. Sempre gostei muito de conversar e hoje tenho usado a fala como um meio de vida. Tudo na verdade começou ao lado do meu pai, na política, subindo em trio elétrico, fazendo discursos quando fui candidato a vereador. Graças a Deus eu perdi a eleição. Na época, foi dolorido, mas hoje sou feliz por ter passado por isso; só agradeço a Deus.

A comunicação me traz um prazer tão grande que, se pudesse, passaria o dia todo ministrando os meus treinamentos. Não tenho a intenção de virar um fenômeno, mas o que puder fazer, vou fazer, para ter um centro de treinamento de atendimento e vendas no estado do Espírito Santo, com referência nacional.

Aos vinte anos, tive que assumir juntamente com meu pai a administração dos nossos negócios na área da Pecuária. Em 2013 já vendíamos muitos outros produtos e é impressionante como me sentia feliz, vendendo; e como me sinto feliz hoje, quando estou vendendo alguma coisa. Não importa o tamanho da venda, o produto ou o serviço vendido. Adoro a arte da negociação. Adoro conversar com as pessoas. Convivi muito tempo com os meus avôs, todos dois foram grandes homens com grande experiência comercial e aprendi muito ao lado deles.

O vendedor não pode ficar no momento do trabalho buscando uma sombrinha de praia. Vendas é uma atividade que se preciso for tem que enfrentar um sol de quarenta graus. Não pode andar com passos de tartaruga. A prospecção tem de ser diária. O fundador da *Herbalife* deixou vários vídeos na internet pedindo aos seus parceiros para prospectar pelo menos dez pessoas por dia. Passando essa informação de buscar dez pessoas por dia, ele conseguiu criar uma empresa que hoje está em mais de sessenta e cinco países, fazendo bem para as pessoas com suas dietas.

A vantagem de trabalhar com atividades diversificadas é que você recebe vários tipos de pessoas, cada uma com sua história.

Além das minhas atividades diárias, atualmente estou desenvolvendo o projeto Jovem Vencedor" que tem como objetivo inserir jovens de baixa renda ou com deficiência física no competitivo mercado de trabalho. O projeto já formou mais de 50 jovens. Muitos deles estão escrevendo histórias de sucesso sendo representantes comerciais de grandes empresas por todo o Brasil.

Estamos vivendo a era das ideias. Todas as colocações feitas nessa obra podem servir de ideia para que alguém possa vir a experimentar e montar algo. Estamos abertos à discussão, e aqui cumpro a minha missão de ser um incentivador do empreendedorismo. Infelizmente, como em todos os setores, alguns vão ler e ficar parados no mesmo lugar. Por exemplo, quem busca ter atitude de usar álcool nos veículos está contribuindo para a melhoria de vida do planeta, mas ainda tem um grupo que são resistentes ao uso da gasolina. Hoje me sinto bem usando álcool e tenho consciência de que estou fazendo minha parte para um planeta melhor.

Quando você está atuando como consultor empresarial, seu olhar muda e começa a ver tudo com um olho clínico. Tudo fica mais claro na questão empresarial. Outro dia, fui almoçar num restaurante que frequento há anos, pude ver um dos ares-condicionados com defeito. Até aí tudo bem, o problema é que estavam mexendo no ar-condicionado no momento do almoço e havia vários clientes reclamando, quase entrando em pânico de tanto calor. Acredito que o dono não está tendo tempo para fazer tudo sozinho. Por isso fica a dica para quem é dono de restaurante: não mexa nos ares-condicionados com defeito, no horário de pico.

Hoje, nós que somos vendedores temos um jeito novo de trabalhar com o cliente. Não é preciso empurrar o produto, pois cada vendedor tem que fazer a sua parte. Quem estiver lendo esse livro, sabe que não podemos brincar de vender, não podemos deixar de concluir as tarefas, e é preciso se desenvolver, obter resultados. Cada passo tem que ser firme. Por isso devemos resolver nossos problemas sentimentais, tirar as possíveis revoltas para trabalharmos de coração leve e aberto. Se você mora de aluguel e está com um ou mais meses atrasados, o cliente não tem nada a ver com os seus problemas. Deixe os seus problemas em casa e lute para não morar de aluguel, use as técnicas de vendas concentrando esforços, buscando vender mais para adquirir uma casa própria; e para que isso aconteça, procure-me para fechar um Consórcio de imóvel comigo.

Não podemos ficar passivos diante de tudo que está acontecendo. Acredite, quanto mais você se dedicar e tratar bem o seu cliente, mais chances de melhorar na vida financeira você terá. Essa é uma regra que é normal em vendas. É importante para o cliente acreditar em você e saber que é possível resolver os seus problemas e necessidades. Mostre novidades e goste de estar naquele momento vendendo, seja perseverante! Como disse anteriormente: o mercado depende de bons vendedores. Eles são ferramentas fundamentais para escoar os produtos produzidos pelas indústrias. Sempre vão faltar grandes e bons vendedores, esses são considerados os mestres das vendas. Uma empresa que tem um mestre em vendas na sua equipe, é como um bilhete premiado. Sabe que vai conseguir sempre fechar bons negócios.

A cada dia que estudo mais o assunto de vendas e atuo nessa área como consultor empresarial fico surpreso com essa atividade que, financeiramente, não deixa a desejar a nenhuma outra profissão. Lógico que nem sempre são somente flores no jardim!

Conversando com um amigo que é o responsável pelo marketing de um grande Laticínio em Nova Venécia, ele me disse que um representante de vendas que vende somente no estado da Bahia consegue fechar o mês com R$250.000,00 de comissão.

Existem representantes da área de Consórcio de motos, carros, caminhões, imóveis que conseguem tirar R$60.000,00 por mês; e um representante de colchão com vendas focadas somente para hotéis consegue tirar R$250.000,00 por mês, no Rio de Janeiro. São valores realmente altos. Às vezes, fico analisando que se fosse para vender produtos alimentícios ganhando R$250.000,00 por mês em panificadoras, isso não iria me chamar a atenção apesar do valor ser muito alto. Adoraria passar o dia dando treinamento de atendimento ao cliente nas padarias, mas vender produtos não seria algo que me motivasse. Falo isso para que você perceba que somente o dinheiro não faz com que você se sinta motivado. É preciso se identificar com o que vai fazer. Tenha essa certeza e, quando achar o caminho, siga em frente.

No início de março de 2013, reunido com os meus dois sócios da consultoria empresarial, num momento de descontração em que cada um começa a contar uma história, um deles contou-nos um fato interessante, ele que, por sinal, tem a característica de ser muito observador e desconfiado de tudo. Um grande cérebro do marketing no ramo de vendas. Ele relatou para nós que um ato somente seu em uma consultoria fez com que a empresa não perdesse mais de três milhões de reais em material gráfico.

Pelo fato desta obra falar sobre Empreendedorismo, Atendimento ao Cliente, Marketing, Vendas e outros assuntos na área nós mostramos aqui que esse é o nosso diferencial. São informações para várias áreas ao mesmo tempo, baseadas em experiências de vida de um homem que teve a oportunidade de vivenciar várias coisas na vida comercial, podendo dizer que já esteve ao lado de empresários consagrados e ao mesmo tempo de grandes ex-empresários. Nosso livro tem uma forte ligação com você que deseja ser uma pessoa melhor e que esteja buscando o aprimoramento profissional e pessoal. Imaginamos que esta obra possa ser usada nas Escolas Públicas e Privadas e até nas faculdades de Administração. Não que estejamos em busca de prêmios ou títulos, mas sim com o foco em passar conhecimentos. Não é um livro exclusivo para um tipo de empresário, mas sim para todas as pessoas que querem vencer na vida. Vamos adorar saber que alguém nesse momento, lendo este livro, possa sair da sua zona de conforto e inovar, abrindo o seu primeiro negócio. Este é o nosso objetivo: mexer com as pessoas! Para isso é fundamental buscar um trabalho no qual se tenha prazer em servir as pessoas.

Anteriormente, falamos que um vendedor necessita ter alguns cuidados no seu trabalho, por exemplo, não pode falar tão rápido, pois a comunicação entre o vendedor e o cliente deve acontecer de forma natural e com um bom entendimento. O uso do português também é muito importante. Estamos na era da EAD (Educação a Distância) e, se quisermos melhorar o nosso português também é possível, com as facilidades que temos hoje. A dica que deixo é que você leia sempre e leia de tudo! Toda ação de leitura é importante. Temos que começar a melhorar o uso do português. Não se tem como fugir de uma boa postura na fala, com um português melhor.

Outro dia aconteceu comigo um fato bem interessante, coisa que jamais poderia imaginar. Eu estava chegando de Vitória e à medida que fui entrando no meu escritório em Montanha-ES percebi o escritório cheio de flores e uma bonequinha na porta de entrada. Parecia mais uma casa de bonecas. Vi, então, que o comportamento humano é algo surpreendente. Há mais ou menos quinze dias havia colocado uma secretária para tomar conta da GSB Consultoria Empresarial e Treinamentos em Montanha-ES. Ela havia sido minha aluna num curso de Atendimento ao Cliente e Vendas. Na GSB Consultoria e Treinamentos ela ganhou o seu primeiro incentivo por ser muito esforçada e estudiosa. No período do curso, ela perdeu o pai para o Câncer. Embora estivéssemos por um tempo afastados, ela sempre me ligava. Ficamos amigos e devido à história triste da perda do pai, logicamente sendo uma boa aluna da GSB Consultoria e Treinamentos, resolvi dar-lhe uma chance. Fora as flores ela é uma excelente funcionária, muito competente.

Evite a arrogância no trabalho. Enfrente os desafios com simplicidade, seguindo a jornada comercial. Desenvolva a habilidade de lidar com as pessoas sem agir com palavras e gestos arrogantes. Montar qualquer negócio é um desafio. Muitas empresas não sabem para onde vão. Alguns começam com pequenos negócios como uma fábrica de chinelos que se monta hoje com três mil reais, e se consegue ter sucesso no negócio. Outros pelo fato de agir com arrogância, quando conseguem crescer, esquecem de ponderar os seus passos. Nós que somos empresários sabemos como é difícil manter uma empresa aberta e saber conviver com os seus problemas.

Hoje é imprescindível que o empresário busque conhecimento. Diante das incertezas, acredite, devemos investir em consultoria empresarial. É uma medida de precaução realmente confiável. Os consultores possuem habilidades, estudam estratégias e podem, com um olhar de fora, comparar sua empresa perante o mercado. Eles percebem a margem de erro de se montar um negócio por menor que seja, fazendo excelentes orientações.

É muito normal encontrar à frente de grandes grupos, mulheres, assumindo a posição de executiva. Devemos tratá-las sem preconceito e com igualdade, pois elas estão hoje em todos os poderes, mudando a cada dia o perfil da liderança. A sensibilidade da mulher para vender é impressionante. O atendimento em geral é fator determinante no momento da abordagem. Elas competem em pé de igualdade com os homens. A realidade mudou, o atendimento em geral é mais humanizado hoje. Por isso a cada dia há mais mulheres atuando no mercado.

Final de 2012 recebi uma proposta para representar um dos maiores grupos de Consórcio do país, e em janeiro de 2013 já estava trabalhando. A gerente de negócios que me fez a proposta foi uma mulher de extrema competência, exercendo a função com total responsabilidade e conhecimento de causa. O que me conforta é que essa empresa está há quarenta e cinco anos no mercado, vendendo consórcios de moto, caminhão, carro, imóveis e serviços. Achei interessante que tem Consórcio para serviços e até para cirurgia plástica.

Independente da profissão que a mulher ocupe, elas estão conseguindo cumprir com o dever sem perder a vaidade. Há muitas mulheres que também desejam entrar no mercado de trabalho, ficando comprovado que as mulheres podem, sim, exercer com igualdade e com os mesmos direitos a mesma função que os homens.

Quando penso que a vida comercial está muito pesada, recorro à Bíblia e abro em Mateus 11.28: "Vinde a mim, todos os que estais cansados e oprimidos, e eu vos aliviarei". Um exemplo de peso seriam as dívidas. Um empresário com dívidas, quando não consegue resolver essa situação, acaba muitas vezes até tendo problemas de saúde. Naquele momento, o seu sonho é recomeçar livre de dívidas. Uma atitude de colocar a vontade dentro de você para agir, pode ou não mudar o rumo de sua empresa. É preciso se aproximar de Deus. Procurar fortalecer a sua network, ou seja, a sua rede de contatos.

Com a internet é possível relacionar-se com milhões de pessoas. Atualmente, nesse mundo globalizado, é praticamente impossível não estar na rede mundial. Se nesse momento você está longe dela, procure aproximar-se e fazer o seu marketing pessoal e profissional.

A vida comercial não é um paraíso na terra. Já tive a oportunidade de conviver com gente que há dez anos estava bem de saúde e hoje está com problemas físicos. Muitos quando entram na vida comercial esquecem que ter persistência é requisito fundamental. Por isso uma rede de contatos network bem feita, ajuda, e muito. Use todos os meios possíveis para fazer o cliente comprar e voltar a comprar de você. Mesmo que alguns contatos sejam temporários, aqueles que não sabem se relacionar são afetados no caixa das empresas.

Vendedor, tenha em mente que sua família depende de você. Por isso seu salário atinge todos que dependem do seu trabalho. A empresa é a sua marca. Aliás, nós, vendedores, temos de ter o hábito de defender a nossa marca e, não só isso, também aprender a divulgar a marca e lutar por ela sempre. O empresário tem inúmeros compromissos trabalhistas e contábeis. Às vezes, quem está de fora, acha que a vida empresarial é mais fácil, mas posso afirmar que alguns empresários mudam a vida do colaborador para sempre, quando dão oportunidades para aqueles que realmente estão precisando de um emprego. O colaborador quando está empregado tem uma vida digna perante a sociedade, mas infelizmente, não existem tantas vagas assim, no mercado. É preciso nos qualificar, viver e fazer parte desse mundo globalizado.

Nossa função, quando tentamos interagir com o cliente, não é somente vender. Temos de fazer um trabalho tão bem feito que aquele momento se torne inesquecível, que faça realmente a diferença.

Em pleno crescimento econômico, repito: a concorrência é brutal e o que realmente faz a diferença são as pessoas, independentemente da sua área de atuação. O negócio só vai andar bem se tivermos pessoas comprometidas e com entusiasmo. Acredite que você pode mudar e tentar ser um vendedor competente. Acredite que você é capaz de representar a sua empresa lutando para o crescimento dela. Acredite que é possível estar sempre em busca de novos negócios. Por isso, invista o seu tempo estudando o assunto "Vendas e Empreendedorismo".

Muitas empresas, na forma de se organizarem, estão mais preocupadas com o parque industrial do que com o investimento em gestão de pessoas. Felizmente essas empresas estão ficando para trás. Não conseguem deixar uma lembrança na mente do consumidor, porque o investimento maior é em máquinas e não em pessoas; não estão preocupadas em estar todos os dias presentes na vida das pessoas. E, muitas vezes, deixam de atuar com responsabilidade social e ambiental.

O senhor Akio Morita, *in memoriam*, um grande exemplo de megaempresário, cofundador da SONY, conseguiu enxergar que para uma empresa ter sucesso é preciso investir nas pessoas. Acredito que essa empresa é uma referência de como se deve tratar um colaborador.

A Coca-Cola, gigante em 2012, ficou em primeiro lugar da lista das marcas mais valiosas do planeta. Uma indústria da Coca-Cola na grande Vitória gera mais de mil empregos diretos. Essa gigante empresa, como outras, está mais preocupada com os seus clientes. Os treinamentos são constantes para os seus vendedores. A briga entre vendedores concorrentes é acirrada.

Uma vez tive a oportunidade de olhar três apartamentos em Vila Velha. Nesse momento, comecei a avaliar os corretores. Cada um usava a sua habilidade para apresentar o apartamento e fechar o negócio. Apresentei-me como empresário somente. Um dos corretores cometeu o erro de não levar a chave para mostrar o apartamento, com isso perdeu tempo e tomou meu tempo. Como já havia falado que queria um apartamento com vista para o mar, ele me levou dizendo que tinha o apartamento ideal para mim. Como desconhecia totalmente o imóvel, mas queria vender, quando chegamos ao local, havia uma pequena vista com muita dificuldade para ver o mar. Como não gostei, fomos a outro apartamento. Não pude ver o apartamento, pois o corretor não conseguia falar com o dono. Um corretor de imóveis que não se organiza e não faz um bom planejamento, perde tempo e não fecha negócios. Não se pode esquecer de que tempo é dinheiro!

Procurei outro corretor. Esse era aparentemente mais experiente. Perguntou-me se servia apenas apartamentos de frente para o mar. Após responder que sim, ele levou-me a dois apartamentos. Não gostei muito do primeiro, porém o segundo apartamento era do jeito que meu pai queria: assim que se abre a porta da sala, tem-se uma vista maravilhosa do mar. Ficamos por uma meia hora conversando. Conheci tudo e resolvi ir à corretora para fazer a proposta. Essa é a parte da negociação de que mais gosto. Logo quando entrei na sala do dono da corretora, senti que o corretor estava ansioso para vender. Ele então começou a falar como se eu já estivesse decidido a comprar. Conversando com o dono da corretora, ele colocou o valor mínimo para a venda. Entretanto, como sou especialista em vendas e adoro negociar, isso eles não sabiam; comecei a conversar com calma, entrei em outros assuntos e, finalmente, firmei uma proposta bem abaixo. Logicamente estudei o mercado antes de fazer a proposta.

Logo depois recebi um telefonema do corretor e outro do dono da corretora dizendo que estão negociando com a proprietária, tentando chegar na minha proposta. O importante é que eles estão me ligando, isso demonstra respeito pelo cliente. Uma ligação após uma proposta assinada dizendo que ainda não conseguiu fechar com a proprietária gera credibilidade à corretora e ao corretor imobiliário.

Tentamos mostrar a importância de o vendedor está em conexão com o cliente. Um bom desempenho está ligado ao bom relacionamento com o cliente. Essa afinidade é importante; pois, ao utilizar essa maneira de trabalho, você vai conseguir poupar energia na busca por novos clientes, concentrando esforços nos clientes já existentes e não deixando de prospectar, é lógico. Devemos sempre estar preocupados em servir às pessoas. Faça com que o seu cliente tenha orgulho da sua marca. Para isso incentivamos também aqui a capacitação profissional e mostramos que não se pode perder as oportunidades.

Falamos de trabalho e de sonhos, mas deixamos bem claro que por trás de cada sonho tem um trabalho realizado. É preciso investir tempo trabalhando muito para concretizar a realização dos sonhos. Somente proporcionando um melhor atendimento, você conseguirá fazer com que o seu cliente viva a experiência positiva.

Afirmamos por várias vezes que o vendedor tem que estar em sintonia com o cliente. Estar integrado em todo o processo de gestão e ser leal à empresa são requisitos necessários. Lembramos aqui que toda conquista é um resultado de ações proativas. Temos de estar antenados o tempo todo e cumprir com os prazos determinados. É preciso ter sabedoria para reconhecer as falhas no relacionamento com os colaboradores e com os clientes.

Donos de supermercados, por exemplo, devem se preocupar em oferecer aos clientes os melhores produtos com atendimento de excelência. Tentar sempre estar inovando ou abrindo novas lojas, com rigor na limpeza e na organização.

Aqui ofereço um serviço que faço, a Consultoria Empresarial, de forma totalmente discreta posso medir o nível de atendimento e do clima organizacional de sua Empresa. A GSB Consultoria Empresarial e Treinamentos atua em todo Brasil com total profissionalismo.

Muito obrigado a todos! Para nós é uma grande conquista poder levar esse livro para dentro de sua Empresa. Para compartilharmos conhecimento torna-se fundamental oferecermos um modelo de trabalho novo, é o que buscamos realizar. Lutamos para o desenvolvimento do nosso país. Estamos certos de que sociedade e empresas crescem juntas, e o caminho que estamos buscando é o de um país com empreendedores equilibrados, realmente preocupados com a empresa, com os colaboradores e com os clientes.

www.ingramcontent.com/pod-product-compliance
Ingram Content Group UK Ltd.
Pitfield, Milton Keynes, MK11 3LW, UK
UKHW032046260826
14628UKWH00C08B/3206

9 789895 241361